[Administração dos sistemas de operações]

O selo DIALÓGICA da Editora InterSaberes faz referência às publicações que privilegiam uma linguagem na qual o autor dialoga com o leitor por meio de recursos textuais e visuais, o que torna o conteúdo muito mais dinâmico. São livros que criam um ambiente de interação com o leitor – seu universo cultural, social e de elaboração de conhecimentos –, possibilitando um real processo de interlocução para que a comunicação se efetive.

[Administração dos sistemas de operações]

FRANCIELLE CRISTINA FENERICH

Rua Clara Vendramin, 58 · Mossunguê
CEP 81200-170 · Curitiba · PR · Brasil
Fone: (41) 2106-4170
www.intersaberes.com
editora@editoraintersaberes.com.br

Conselho editorial [Dr. Ivo José Both (presidente)

Dr.ª Elena Godoy

Dr. Neri dos Santos

Dr. Nelson Luís Dias

Dr. Ulf Gregor Baranow]

Editora-chefe [Lindsay Azambuja]

Supervisora editorial [Ariadne Nunes Wenger]

Analista editorial [Ariel Martins]

Preparação de originais [Traços e Ideias]

Capa [Bruno Palma e Silva]

Projeto gráfico [Raphael Bernadelli]

Diagramação [LAB Prodigital]

Iconografia [Vanessa Plugiti Pereira]

Dados Internacionais de Catalogação na Publicação (CIP)
(Câmara Brasileira do Livro, SP, Brasil)

Fenerich, Francielle Cristina
   Administração dos sistemas de operações/Francielle Cristina Fenerich. Curitiba: InterSaberes, 2016. (Série Administração da Produção)

   Bibliografia.
   ISBN 978-85-443-0238-5

   1. Administração da produção 2. Planejamento estratégico 3. Sistemas de produção I. Título. II. Série.

15-05705   CDD-658.5

Índices para o catálogo sistemático:
1. Sistemas de produção: Administração de empresas 658.5

1ª edição, 2016.
Foi feito o depósito legal.
Informamos que é de inteira responsabilidade da autora a emissão de conceitos.
Nenhuma parte desta publicação poderá ser reproduzida por qualquer meio ou forma sem a prévia autorização da Editora InterSaberes.
A violação dos direitos autorais é crime estabelecido na Lei n. 9.610/1998 e punido pelo art. 184 do Código Penal.

[sumário]

apresentação [7]

como aproveitar ao máximo este livro [9]

1 Sistemas de produção [11]

1.1 Conceitos de sistemas de produção [14]
1.2 Evolução dos sistemas de produção [16]
1.3 Ambientes e tipos de processos produtivos [20]
1.4 Produtividade [22]
1.5 Planejamento, programação e controle da produção [24]

2 Previsão de demanda [31]

2.1 Introdução à previsão de demanda [34]
2.2 Processo de previsão de demanda [36]
2.3 Tipos de demanda [41]
2.4 Métodos de previsão de demanda [43]
2.5 Erros de previsão de demanda [53]
2.6 Gestão de demanda [54]

3 Planejamento de capacidade [59]

3.1 Tipos de capacidade [62]
3.2 Decisões de planejamento de capacidade no horizonte de tempo [67]
3.3 MRP – cálculo da necessidade de materiais [71]
3.4 MRP e MRP II [81]

4
Plano agregado de produção e planejamento mestre de produção [89]
4.1 Plano agregado de produção [92]
4.2 Planejamento mestre de produção [104]

5
Programação e controle da produção [111]
5.1 Conceito [114]
5.2 Sequenciamento de ordens [115]
5.3 Lote mínimo de fabricação [119]
5.4 Controle de operações [121]

6
Gestão de estoques [129]
6.1 Conceito [132]
6.2 Razões para manter estoques [133]
6.3 Razões para não manter estoques [135]
6.4 Tipos de estoques [137]
6.5 Sistemas de controle de estoques [138]
6.6 Estratégias para redução de estoques [145]

7
Produção enxuta [153]
7.1 Conceito e objetivos do *just in time* [156]
7.2 Práticas de trabalho [160]
7.3 JIT *versus* abordagem tradicional [161]
7.4 *Kanban* [162]
7.5 Teoria das restrições [166]

para concluir... [179]
referências [180]
respostas [184]
sobre a autora [193]

[apresentação]

Este livro é dedicado a estudantes e pesquisadores das áreas de engenharia de produção, administração e demais engenharias. A obra apresenta sete capítulos e aborda os seguintes temas: introdução aos sistemas de produção, previsão de demanda, plano agregado de produção, plano mestre de produção, MRP – cálculo da necessidade de materiais, programação e controle da produção, sequenciamento de ordens, gestão de estoques, planejamento de capacidade, teoria das restrições e produção enxuta.

Produzir manufatura ou serviço é uma operação que tem recebido destaque no cenário atual, não só por sua complexidade, mas também pelas diversas mudanças na área da gestão de operações. A elevada competitividade e a exigência do mercado colaboram para o desenvolvimento de inovações e para a melhoria em processos com vistas ao atendimento da demanda existente e ainda da conquista de uma nova fatia do mercado. É exatamente nesse cenário de globalização, no qual complexidade, exigência e competitividade são palavras-chave, permeado por produtos com baixo tempo de funcionamento e alta tecnologia, que os engenheiros devem atuar no diagnóstico e na solução de problemas, assim como no aprimoramento dos processos em busca de aumento de lucratividade.

A gestão de operações deve assegurar o atendimento das necessidades e desejos da demanda, garantindo um produto/serviço com qualidade, preferencialmente padronizado, no tempo e local esperados e a um custo acessível. Essas exigências contribuem com a dificuldade de desenvolver um plano de produção coerente. Tanto para a produção de manufatura quanto para a prestação de serviços, devemos trabalhar com os mesmos conceitos, apenas adaptando-os.

O conhecimento em torno da engenharia de produção, de acordo com a Associação Brasileira de Engenharia de Produção (Abepro, 2008), é dividido em dez grandes áreas, entre as quais podemos destacar a área de **engenharia de operações e de processos de produção**, em que se insere esta obra.

De acordo com Batalha et. al. (2008, p. 1), "a engenharia de produção trata do projeto, aperfeiçoamento e implantação de sistemas integrados de pessoas, materiais, informações, equipamentos e energia, para a produção de bens e serviços". A organização da presente obra vem alinhar esse contexto com a formação acadêmica, de forma a enriquecer e aprimorar o conhecimento específico da área.

No primeiro capítulo, trabalharemos com o conceito de sistemas de produção, seja para manufatura, seja para serviço, a partir da análise da evolução histórica e cronológica das operações, despertando sua curiosidade em torno dos sistemas produtivos, bem como ajudando-o entender o que representam pessoas, materiais, informações, equipamentos e energia em um sistema, de acordo com o conceito de engenharia de produção.

No segundo capítulo, trataremos da previsão de demanda, base de qualquer planejamento de produção, em nível estratégico, tático ou operacional. Esse capítulo é de suma importância para que o PPCP (planejamento, programação e controle da produção) tenha resultados positivos, pois a previsão de demanda alimentará desde o planejamento estratégico da produção até a programação da produção. Ou seja, uma previsão deficiente pode prejudicar o bom funcionamento do sistema produtivo e gerar indicativos financeiros negativos.

O próximo item essencial para o desenvolvimento do planejamento da produção é o planejamento de capacidade, o qual abordaremos no terceiro capítulo. O conhecimento da capacidade existente alimenta planos de expansão e o plano agregado de produção. Alinhada com a previsão de demanda, a capacidade fornece aos gestores das operações as principais informações para o bom desenvolvimento do PPCP. Ainda nesse capítulo, introduziremos o conceito de cálculo da necessidade de materiais (MRP), que, em conjunto com o conhecimento do sistema (capacidade) e dos clientes (demanda), gera a quantidade necessária de materiais para um plano de produção capaz de atender à demanda.

Tendo conhecimento dos sistemas de produção (Capítulo 1), das técnicas de previsão de demanda (Capítulo 2) e do planejamento de capacidade e do MRP (Capítulo 3), podemos trabalhar com o plano agregado e com o plano mestre de produção, que serão apresentados no quarto capítulo, no qual você será norteado ao coração da produção.

Em seguida, no quinto capítulo, examinaremos o conceito de programação e controle de produção por meio de técnicas de sequenciamento e indicadores de desempenho. Nesse ponto, já teremos abordado o PPCP em nível operacional.

No sexto capítulo, analisaremos o conceito de gestão de estoque e alguns modelos de estoque e meios de controle e acompanhamento dos estoques; trata-se também de um item fundamental na gestão de operações, uma vez que financeiramente representa um alto impacto.

Por fim, no último capítulo, trataremos do conceito de produção enxuta, que vem a somar nas técnicas consideradas nos capítulos anteriores. No âmbito desse conceito, veremos a filosofia *just in time* e o uso do sistema *kanban*. Fechando o capítulo, apresentaremos, ainda, a teoria das restrições, base para um bom balanceamento de linha e planejamento de capacidade.

[como aproveitar ao máximo este livro]

Este livro traz alguns recursos que visam enriquecer seu aprendizado, facilitar a compreensão dos conteúdos e tornar a leitura mais dinâmica. São ferramentas projetadas de acordo com a natureza dos temas que vamos examinar. Veja a seguir como esses recursos se encontram distribuídos no projeto gráfico da obra.

- *Conteúdos do capítulo:*
  Logo na abertura do capítulo, você fica conhecendo os conteúdos que serão nele abordados.

- *Após o estudo deste capítulo, você será capaz de:*
  Você também é informado a respeito das competências que irá desenvolver e dos conhecimentos que irá adquirir com o estudo do capítulo.

- *Síntese*
  Você dispõe, ao final do capítulo, de uma síntese que traz os principais conceitos nele abordados.

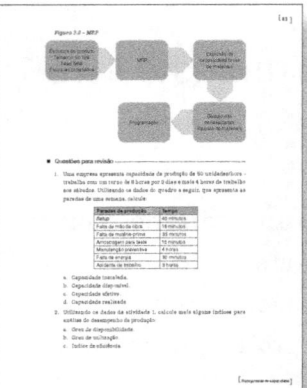

- *Questões para revisão*
  Com estas atividades, você tem a possibilidade de rever os principais conceitos analisados. Ao final do livro, a autora disponibiliza as respostas às questões, a fim de que você possa verificar como está sua aprendizagem.

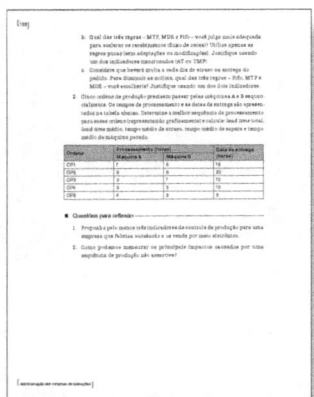

- *Questões para reflexão*
  Nesta seção, a proposta é levá-lo a refletir criticamente sobre alguns assuntos e trocar ideias e experiências com seus pares.

- *Para saber mais*
  Você pode consultar as obras indicadas nesta seção para aprofundar sua aprendizagem.

1 Sistemas de produção

Conteúdos do capítulo:
- *Sistemas de produção.*
- *Evolução dos sistemas.*
- *Cálculo de produtividade.*
- *Introdução ao PPCP (planejamento, programação e controle da produção).*

Após o estudo deste capítulo, você será capaz de:
1. *entender o cenário de operações;*
2. *identificar diferentes ambientes produtivos e suas características;*
3. *realizar cálculos de produtividade;*
4. *relacionar as diversas funções empresariais com a função de produção;*
5. *discorrer sobre o PPCP.*

Neste primeiro capítulo, apresentaremos os diversos ambientes produtivos, bem como o conceito de um sistema produtivo, passando pela evolução dos sistemas, a fim de identificarmos as principais mudanças e seus impactos no cenário atual, realizando uma pequena projeção de futuro. Além disso, veremos como calcular a produtividade desses ambientes e traçaremos um panorama geral sobre planejamento, programação e controle da produção, identificando os componentes essenciais para a função de produção e relacionando-a com as diversas áreas de uma empresa.

1.1 Conceitos de sistemas de produção

Para iniciarmos este capítulo, devemos imaginar o que seria um sistema de produção. Será que um sistema de produção está alinhado somente com o cenário industrial e com a produção de bens de manufatura? Negativo. Quando nos referimos à produção, devemos pensar em manufatura, assim como em serviço, ou, ainda, em ambos. Isto é, quando falamos em sistemas de produção, na verdade falamos de um sistema de operações – afinal, uma pizzaria também representa um sistema de produção, nesse caso, no serviço de alimentação.

Dessa forma, entendemos que um sistema de produção é um conjunto de elementos (humanos, físicos e procedimentos gerais), os quais chamamos de *inputs*, que passarão por um processo de transformação para a geração dos *outputs*, ou seja, produtos ou serviços finais (Fernandes; Godinho Filho, 2010). Podemos relacionar aos *inputs* todos os recursos necessários para transformar matéria-prima em produto acabado ou em serviço; podemos afirmar, ainda, que são as entradas para a agregação de valor a um bem ou serviço. Os *inputs* podem ser, então: mão de obra, procedimentos, energia, matéria-prima, instalações, ferramentas, entre outros. Já com relação aos *outputs*, sempre se trata de um serviço ou de um bem de consumo.

Podemos, por exemplo, imaginar quais são os *inputs* de um *disk pizza*, que é um sistema de produção de serviço, e teríamos, então: todos os ingredientes necessários para a confecção da *pizza* (farinha de trigo, água, óleo, sal, queijo, orégano, tomate, presunto, ovo etc.), a mão de obra (*pizzaiolo*, atendente, auxiliar de serviços gerais e *motoboy*), energia elétrica, gás, instalações (cozinha industrial), ferramentas e utensílios para a confecção da *pizza*, conjunto de procedimentos, moto para transporte, combustível e embalagem para a *pizza*. Esses itens seriam a maior parte dos *inputs* necessários para o serviço de *disk pizza*, que tem como processo de transformação: confecção da massa, seleção e corte dos ingredientes, montagem e assadura da *pizza*, embalo e entrega. Assim, o produto final desse sistema é a *pizza* na mesa do consumidor, ou seja, o *output* é o serviço de alimentação, o oferecimento da *pizza*.

Figura 1.1 – Função de produção

A avaliação do desempenho dos sistemas de produção é realizada exatamente por meio do uso das medidas de *inputs* e *outputs*, ou seja, pela quantidade utilizada de insumos para gerar um determinado serviço ou produto. Hoje em dia, a grande questão trabalhada na engenharia de produção, tanto em indústrias como em empresas, é como maximizar os *outputs* por meio da minimização de *inputs*, isto é, produzir cada vez mais com menos, evitando-se, assim, o desperdício e aprimorando-se os sistemas para um maior aproveitamento de capacidade e de insumos, de modo a obter maior eficiência produtiva. Essa não tem sido uma tarefa fácil, tampouco imediata.

Para esses objetivos serem alcançados, é necessário sempre ter em mente quais são os principais objetivos da engenharia de produção: maximização de produtos e serviços (principalmente em diversidade), minimização de recursos, minimização de impactos ambientais e satisfação em consumir. Mas, para bem entendermos o contexto atual da engenharia de produção, precisamos refletir um pouco sobre a evolução dos sistemas de produção.

1.2 Evolução dos sistemas de produção

Refletindo sobre produção, podemos nos questionar: quando surgiram os sistemas produtivos? A resposta para essa pergunta está lá nos primórdios, quando não havia fábricas ou empresas, apenas o homem do campo, responsável pela produção de alimento para seu próprio consumo e o de sua família. Uma vez que os homens eram responsáveis pela produção do sustento de sua família, mas não existia tecnologia, era necessário que cada um desenvolvesse suas próprias ferramentas para a manipulação e transformação do alimento, assim como do local de moradia. Desse modo, surgiram os sistemas de produção: a partir do momento em que se transforma alguma coisa em outra que tenha utilidade, aplica-se o conceito de sistemas de produção, o qual, como já vimos, se refere à transformação de *inputs* em *outputs*.

O pesquisador Paul Tigre (1998) trata da evolução desses sistemas de uma forma muito interessante. Ele divide esse processo em três grandes momentos (conforme Quadro 1.1), os quais ele chama de *revoluções industriais*. A Primeira Revolução Industrial é aquela que aprendemos na escola, ocorrida na Inglaterra no século XVIII e que tem como principal característica o surgimento dos teares mecanizados com o uso do vapor. Ou seja, a utilização do vapor permitiu que a produção de tecido aumentasse por meio da mecanização do seu sistema de produção, que até então era totalmente manual. Paralelamente a essa grande mudança de produção, claro, tivemos mudanças sociais, culturais e econômicas extremamente significativas, pois o uso dos teares mecânicos retirou o homem do campo, onde era dono de seu próprio negócio, e alçou-o à condição de empregado assalariado. Essa situação modificou muito a vida do homem no campo, mas também trouxe muitos benefícios à economia e à sociedade. Para a indústria, a grande marca foi o salto de produtividade, que consequentemente permitiu uma redução de preço (por conta da economia de escala) e a popularização dos tecidos. Tigre (1997) também chama a Primeira Revolução Industrial de *revolução mecânica*, pois essa era a principal característica dos sistemas produtivos.

Quadro 1.1 – Revoluções industriais identificadas por Tigre

Primeira Revolução Industrial	Segunda Revolução Industrial	Terceira Revolução Industrial
• Inglaterra • Final do séc. XVIII • Revolução mecânica	• Estados Unidos • Séc. XIX • Revolução eletromecânica	• Japão • A partir dos anos 1980 • Revolução eletroeletrônica

Fonte: Adaptado de Tigre, 1997.

A Segunda Revolução Industrial teve início no século XIX e ocorreu nos Estados Unidos da América. Ela é de extrema importância para a engenharia de produção, pois foi o momento em que surgiram grandes nomes da produção. Uma das principais características dessa revolução foi o surgimento do aço, da eletricidade e, por consequência, do motor elétrico. A junção desses elementos permitiu o desenvolvimento do transporte ferroviário, facilitando a movimentação de matéria-prima e de produtos para diversas regiões daquele país.

Além de movimentar a economia, esses fatores contribuíram para a busca incessante de aumento de produtividade, pois, com a redução dos preços e o acesso ao transporte, a procura pelos produtos se intensificou. Nesse momento, tivemos a presença marcante de Henry Ford com seu modelo de produção em massa, em que se busca produzir o máximo de produtos iguais com a mesma matéria-prima. Outra figura de destaque é Frederick Taylor com seus princípios da administração científica.

Ford ficou conhecido pela frase "Você por ter qualquer modelo de carro, desde que seja o T, em qualquer cor, desde que seja preta". O que isso significa? A ideia era que comprar um carro havia se tornado algo acessível à população; no entanto, tratava-se de uma acessibilidade limitada, pois, para conseguir comercializar um carro com preços mais populares, era necessário produzir muitos carros iguais, fazendo uso do conceito de economia de escala, que é quando se produz muito da mesma coisa. O custo de produção é reduzido por meio da economia na compra da matéria-prima, feita em grande quantidade, e da padronização das linhas de produção e do próprio produto, o que exige menos capacitação, além do fato de que, com o uso de treinamento intensivo e com o estudo de tempos e métodos, tornou-se possível elevar a produtividade.

Assim como Ford desenvolveu um marcante estudo com a economia de escala, Taylor desenvolveu um trabalho muito importante no estudo de tempos e métodos. Taylor evidenciou que, para cada operação numa linha de produção, por exemplo, existe o movimento adequado, isto é, aquele que se consegue realizar da maneira mais rápida. E como foi possível chegar a essa conclusão? Estudando os movimentos, cronometrando-os e observando quais eram os realmente necessários para cada operação.

A junção dos estudos de Ford e Taylor permitiu à indústria automobilística nos Estados Unidos um grande salto de produtividade e movimentação econômica. Como ocorre em todos os processos de mudança houve impactos positivos e negativos. Nesse momento histórico, eclodiram greves de funcionários, foram estabelecidas as leis trabalhistas e, um pouco mais à frente, iniciou-se o desenvolvimento de estudos ergonômicos em prol da saúde do colaborador e da produtividade.

Ainda durante a Segunda Revolução, tivemos a presença de Deming e Schuart com o desenvolvimento das ferramentas de controle estatístico da qualidade e do processo e, principalmente, das cartas de controles. Com a aplicação dessas ferramentas, o intuito era organizar o processo em torno da padronização dos produtos, de modo a controlar a qualidade e as operações. Ainda hoje utilizamos essas mesmas ferramentas, de extrema importância para o controle e a garantia da qualidade, bem como para o controle dos processos produtivos. A Segunda Revolução também é chamada por Tigre (1997) de *revolução eletromecânica*.

A Terceira Revolução Industrial teve início em meados dos anos de 1980 no Japão e ainda hoje faz parte de nossa realidade cotidiana. A principal característica dessa terceira revolução, também chamada por Tigre (1997) de *revolução eletroeletrônica*, é a inversão do modelo produtivo, também conhecida como *produção pelo avesso*. Enquanto no século XIX se produzia uma grande quantidade do mesmo produto e o trabalho partia de um modelo voltado para estoque, o novo paradigma nos diz que, se produzirmos exatamente o que o cliente deseja, evitaremos a formação de estoques (considerados um desperdício neste momento) e aumentaremos a diversidade de produtos, atendendo a uma parcela maior da população e obtendo maior rentabilidade.

Isso é possível pelo surgimento dos *chips*, que permitem o controle das operações produtivas, assim como sua automatização. A figura central dessa revolução é Taiichi Ohno, engenheiro da Toyota, empresa que desenvolveu pioneiramente esse novo modelo de produção, que se tornou realidade depois de muita pesquisa, inclusive nos Estados Unidos, país que até então dominava a indústria automobilística.

Trabalharemos os conceitos da produção enxuta no último capítulo, abordando com mais detalhes o novo modelo de produção proposto por Ohno. O que precisamos ter em mente, agora, é a evolução dos sistemas de produção: partimos de uma produção manual, feita por artesãos; passamos para a produção em massa, com um grande salto de produtividade caracterizado pela formação de estoques de um mesmo produto; até que chegamos à produção orientada pelo consumidor, a qual só é iniciada após o pedido sendo os processos produtivos flexíveis e capazes de gerar uma enorme gama de produtos.

Você deve estar se perguntando por que precisamos pensar sobre a evolução dos sistemas produtivos, certo? Porque você é o profissional do futuro! Como tal, é preciso que você entenda claramente quais foram os impactos provocados pelas várias mudanças, tanto os positivos quanto os negativos, e que seja capaz de compreender o contexto atual dos cenários produtivos, pois eles serão a base das próximas mudanças e da próxima revolução industrial.

No Quadro 1.2 temos a síntese dos períodos importantes na engenharia de produção e suas características.

Quadro 1.2 – Paradigmas tecnológicos

Períodos	Descrição	Indústrias-chave	Fatores-chave	Organização industrial
1770–1840	Mecanização	Têxtil, química, metalmecânica, cerâmica	Algodão e ferro	Pequenas empresas locais
1840–1890	Máquina a vapor e ferrovias	Motores a vapor, máquinas para ferrovias	Carvão e sistema de transporte	Pequenas e grandes empresas, crescimento das sociedades anônimas
1890–1940	Engenharia pesada e elétrica	Estaleiros, produtos químicos, armas, máquinas elétrica	Aço	Monopólios e oligopólios
1940–1980	Fordista	Automobilística, armas, aeronáutica, bens duráveis, petroquímica	Derivados de petróleo	Competição oligopolista e crescimento das multinacionais
1980– Período atual	Tecnologia de informação e comunicação	Computadores, produtos eletrônicos, *softwares*	Microprocessadores	Redes de firmas

Fonte: La Rovere, 2006, p. 297.

1.3 Ambientes e tipos de processos produtivos

Basicamente, trabalhamos com quatro ambientes produtivos:
- MTS (*make to stock*) – fabricação para estoque;
- ATO (*assemble to order*) – montagem sob encomenda;
- MTO (*make to order*) – fabricação sob encomenda;
- ETO (*engineering to order*) – engenharia sob encomenda.

Cada um desses quatro ambientes produtivos apresenta características diferentes em relação a processos produtivos, produtos, mão de obra, estoques, flexibilidade, custos e tempo de resposta.

O **ambiente MTS** tem a característica de apresentar uma produção voltada para a formação de estoques de produtos finais, pois os produtos desse ambiente são aqueles que os consumidores não estão dispostos a esperar muito para obter – querem a pronta entrega. É o caso, por exemplo, da indústria de eletrodomésticos. São processos em grande parte automatizados, que exigem menor capacitação operacional e pouca flexibilidade de produção, ou seja, não há customização dos produtos, mas padronização, pois isso permite a criação de estoques de insumos produzidos em grandes lotes, promovendo a economia de escala.

Já o **ambiente ATO** é caracterizado por finalizar o produto somente após sua compra, ou seja, o processo é de montagem sob encomenda. Apresenta médio grau de flexibilidade, permitindo que o cliente final faça algumas escolhas em relação ao seu produto, dentro de possibilidades limitadas. Para exemplificarmos esse ambiente, podemos pensar numa pizzaria em que as massas já ficam prontas, esperando somente a escolha do sabor pelo cliente, que recorre a um cardápio com as opções. Nesse caso, armazena-se a matéria-prima e o produto semipronto, e o cliente está disposto a esperar determinado tempo para receber seu produto.

O **ambiente MTO** caracteriza-se pela fabricação sob encomenda, ou seja, somente a matéria-prima é armazenada, e a produção inicia após o pedido do cliente. Aqui também se trabalha com uma lista de produtos, a qual mostra todas as possibilidades de produção e os insumos que precisam estar disponíveis. Podemos imaginar a compra de uma Ferrari: nesse caso, trata-se de um produto que não existe a pronta entrega por conta de seu alto valor agregado e reduzida quantidade de vendas, além de se constituir em um produto que pode ser customizado de acordo com os desejos do consumidor, conforme as possibilidades da montadora. Nessa situação, o consumidor está disposto a esperar um tempo ainda maior para o recebimento de seu produto.

O **ambiente ETO** é aquele em que não existe o produto nem mesmo um catálogo; nesse caso, o cliente solicita o projeto. É o que ocorre, por exemplo, na construção civil. Se um empresário está disposto a investir na construção de um condomínio, ele solicita a alguma construtora o desenvolvimento de um projeto que atenda a suas limitações financeiras, bem como a seus desejos. É um ambiente em que o cliente está disposto a esperar anos para o recebimento de seu produto, e a empresa, que necessita de mão de obra altamente especializada, não pode nem mesmo armazenar matéria-prima, pois não é possível prever qual será o próximo projeto solicitado. Além disso, a execução do processo levará bastante tempo, o que inviabiliza a manutenção de estoques. Aqui, o estoque armazenado é o conhecimento.

Quanto a produtos e processos, os sistemas de produção podem ser classificados em sistemas contínuos, sistemas intermitentes e sistemas de grande projeto. Os **sistemas contínuos** são aqueles em que o volume de produção é grande e costuma-se trabalhar com uma família de produtos similares. Como exemplo, podemos imaginar a produção de açúcar por uma usina – ao final, há vários tipos de açúcar, mas o processo é o mesmo para todos e é contínuo. Os **sistemas intermitentes** são aqueles em que podem ocorrer mudanças de produção. Eles se dividem em: a) sistema *flowshop* – no qual todos os itens feitos numa determinada linha de produção têm a mesma sequência de operações, que ocorre em lotes; e b) sistema *jobshop* – em que os itens fabricados não precisam ter a mesma sequência de operações, pois a produção varia, alterando a taxa de produção. Já no **sistema de grande projeto**, são feitos produtos grandiosos e complexos, muitas vezes únicos (Fernandes; Godinho Filho, 2010).

Quadro 1.3 – Características dos diferentes sistemas de produção

Características/Processo	Contínuo	Repetitivo em massa	Repetitivo por lote	Por projeto
Volume da produção	Alto	Alto	Médio	Baixo
Variabilidade de produto	Pequena	Média	Grande	Pequena
Flexibilidade	Baixa	Média	Alta	Alta
Qualificação da mão de obra	Baixa	Média	Alta	Alta
Layout	Por produto	Por produto	Por processo	Por processo
Capacidade ociosa	Baixa	Baixa	Média	Alta
Lead times	Baixa	Baixa	Média	Alto
Fluxo de informação	Baixa	Média	Alto	Alto
Produtos	Contínuos	Em lotes	Em lotes	Unitário

Fonte: Tubino, 2000, p. 29.

1.4 Produtividade

Desde os primórdios da produção até hoje, toda evolução dos sistemas produtivos ocorreu em busca de aumento da produtividade, definida como a relação entre a quantidade produzida (*output*) e os recursos (*input*) necessários (Rocha, 2008). A principal busca da atualidade é aumentar a taxa de saída mantendo a taxa de entrada ou reduzindo-a. Nesses dois casos, podemos aumentar a produtividade.

$$\text{Produtividade} = \frac{Output}{Input}$$

É possível também trabalhar com a medida de produtividade parcial, que é a relação entre o que se produziu e o que se consumiu de um determinado recurso. Por exemplo, podemos medir a produtividade parcial em relação à matéria-prima mensurando o total de produtos e a quantidade de matéria-prima utilizada para fabricar esses produtos. O mesmo é válido para produtividade e capital, mão de obra ou, ainda, energia, entre outros recursos (Martins; Laugeni, 2005).

Exemplo 1

Determinar a produtividade parcial da mão de obra de uma empresa que faturou R$ 50 milhões em 2013 utilizando 200 colaboradores que trabalharam em média 180 horas/mês.

Solução:

Input: 200 colaboradores × 180 horas/mês × 12 mês/ano = 432.000 homens × hora/ano

Output: R$ 50.000.000,00

$$\text{Produtividade} = \frac{R\$\ 50.000.000,00}{432.000} = \frac{R\$\ 115,74}{\text{colaborador} \times \text{hora}}$$

Ou seja, cada colaborador da empresa produziu em uma hora cerca de R$ 115,74.

Exemplo 2

Sabendo que os custos totais da produção de uma determinada empresa foram de R$ 70.000,00 e que foram produzidas 1.400 unidades de produtos, qual foi a produtividade total?

Solução:

Inputs: R$ 70.000,00

Output: 1.400 unidades

Produtividade = $\dfrac{R\$ 70.000}{1.400}$ = R$ 50,00 por unidade produzida

No entanto, uma medida de produtividade sem um parâmetro não é suficiente para fazermos uma boa análise em relação ao desempenho da empresa. Dessa forma, sugerimos trabalhar com a produtividade em instantes diferentes e fazer a relação entre elas, como apresentado no Exemplo 3.

Exemplo 3

Em março de 2014, a empresa Cats produziu 1.200 pacotes de ração utilizando 500 homens/hora. Em virtude do feriado de Páscoa, o mês de abril de 2013 teve menos dias úteis; assim, a produção foi de 980 pacotes de ração. Houve também uma redução na mão de obra, com 480 homens/hora. Determine a produtividade parcial em relação à mão de obra nos meses de março e abril e sua variação.

Solução:

Outputs de março: 1.200 unidades

Inputs de março: 500 homens/hora

Produtividade = $\dfrac{1.200}{500}$ = R$ 2,4 unidades por homem/hora

Outputs de abril: 980 unidades

Inputs de abril: 480 homens/hora

Produtividade de março = $\dfrac{980}{430}$ = R$ 2,27 unidades por homem/hora

$\Delta P = \dfrac{\text{Produtividade de abril}}{\text{Produtividade de março}}$

$\Delta P = \dfrac{2,27}{2,40} = 0,95$

$\Delta P\% = (1 - 0,95) \times 100 = 5\%$

Ou seja, do mês de março para abril, houve uma redução de 5%.

Agora, vamos pensar: será que, quando calculamos a produtividade total, sempre nos lembramos de todos os recursos produtivos utilizados?

Em qualquer ambiente produtivo, precisamos sempre pensar em todos os recursos necessários para a produção, para somente então avaliar a produtividade. Entretanto, é comum nos esquecermos, por exemplo, de inserir a variável *energia*, entre outras.

1.5 Planejamento, programação e controle da produção

Neste capítulo, nosso principal intuito é fazer uma introdução aos sistemas de produção. Vimos sistemas de produção e sua evolução; abordamos os diferentes ambientes e processos produtivos e também tratamos de produtividade. Para finalizarmos nosso raciocínio, precisamos entender o ambiente em que utilizamos o conteúdo apresentado aqui, bem como introduzir o conteúdo que será estudado nos próximos capítulos. Para isso, temos de pensar no planejamento, na programação e no controle da produção.

Toda empresa deve ter definida uma estratégia corporativa, que se constitui nas metas da empresa e em seu desdobramento, ou seja, são as ações necessárias para atingir as metas propostas. Essa estratégia é alimentada por um estudo da demanda, isto é, dos possíveis clientes da empresa, e também gera um plano de vendas que servirá de base para a estratégia de *marketing*, derivada da estratégia competitiva, a qual, por sua vez, se origina da estratégia corporativa.

A estratégia competitiva é a definição de como a empresa se tornará competitiva no mercado. Michael Porter (citado por Corrêa; Corrêa, 2009) define três estratégias competitivas:

1. **Custos**: A empresa se torna competitiva em razão de seus produtos ou serviços terem custo mais acessível do que os de seus concorrentes. Ou seja, nesse caso, a empresa ganha mercado por vender produtos baratos e, por isso, vende em grande quantidade.

2. **Focalização**: A empresa foca em um nicho de mercado e desenvolve produtos específicos para tal nicho, podendo, por exemplo, ser única no mercado.

3. **Diferenciação**: Nesse caso, a empresa oferece o mesmo produto que seus concorrentes, porém com algum diferencial, que faz a demanda desejar o produto. Pode ser, por exemplo, um serviço agregado ao produto ou pequenos diferenciais no produto.

A estratégia de produção é derivada da competitiva. Por exemplo, se a estratégia competitiva seguir o critério *custo*, na estratégia de produção o critério *flexibilidade* não será essencial, pois, quanto mais flexível for o processo, maior será o custo, em virtude das intervenções tecnológicas. Nesse caso, consideraríamos custo de matéria-prima, padronização dos processos, entre outros critérios. Nessa etapa, também são definidas as políticas de produção, que podem ser, por exemplo: manter a produção constante para aproveitamento máximo de capacidade, permitir a formação de estoques em eventuais quedas de demanda e trabalhar com dois turnos de 8 horas de produção.

Definida a estratégia de produção, podemos desenvolver um plano de produção, ainda em nível estratégico e com horizonte de longo prazo, ou seja, no mínimo, um ano de planejamento. Para desenvolvermos o plano de produção, devemos, primeiramente, fazer a previsão da demanda para saber a quantidade provável de venda. Além disso, existe mais uma informação fundamental: a capacidade produtiva.

O estudo da capacidade é tão importante quanto a previsão da demanda, pois, sem o valor dessas variáveis, não podemos desenvolver um plano de produção coerente. Neste livro, trabalharemos todos esses tópicos.

Após o desenvolvimento do plano de produção, iniciamos o desenvolvimento do plano mestre de produção. Nesse momento, já entramos em nível tático, em horizonte de médio prazo, ou seja, meses de produção e famílias de produtos. Por exemplo, imagine uma empresa que produz móveis – nesse caso, deveríamos pensar no planejamento mestre de produção de jogos de jantar, armários de cozinha, armários de quarto e painéis de sala para um horizonte de seis meses; não nos deteríamos nos detalhes dos vários modelos de cada um dos produtos citados.

Tendo desenvolvido o plano mestre de produção, partimos para a programação da produção e aí sim consideramos os detalhes de cada produto, ou melhor, programamos a produção de todos os tipos de produto. Estamos no nível operacional e trabalhamos com um horizonte curto de tempo, ou seja, fazemos a programação diária de produção para um mês, por exemplo. Dessa forma, no exemplo anterior, trataríamos da programação dos diferentes tipos de jogos de jantar (cores, tamanhos, modelos), dos diferentes armários de cozinha etc.

Assim que a programação ficar pronta, devemos realizar um controle de estoques para verificar o que já temos disponível para entrega e produzir o restante. A partir daí, surgem as emissões de ordens, as quais podem ser de produção, montagem e compras (no caso de matéria-prima ou produtos terceirizados).

Tendo definido todo o modelo de planejamento, programação e controle de produção (PPCP), precisamos organizar os mecanismos de controle das operações, os quais podem representar um sistema de medição de desempenho, bem como definir as variáveis de controle e medidas de desempenho e, assim, controlar todo o processo de PPCP.

De acordo com Tubino (2000), as funções de *marketing*, finanças e produção são funções-chave em um sistema produtivo e devem estar sempre em sincronia. Já as funções de pesquisa e desenvolvimento (P&D), manutenção, recursos humanos (RH) e engenharia são denominadas *funções de apoio*. Apesar disso, não são menos importantes e também devem estar sempre em sincronia. Todo o processo de PPCP pode ser observado na Figura 1.2.

Figura 1.2 – Processo de planejamento, programação e controle de produção

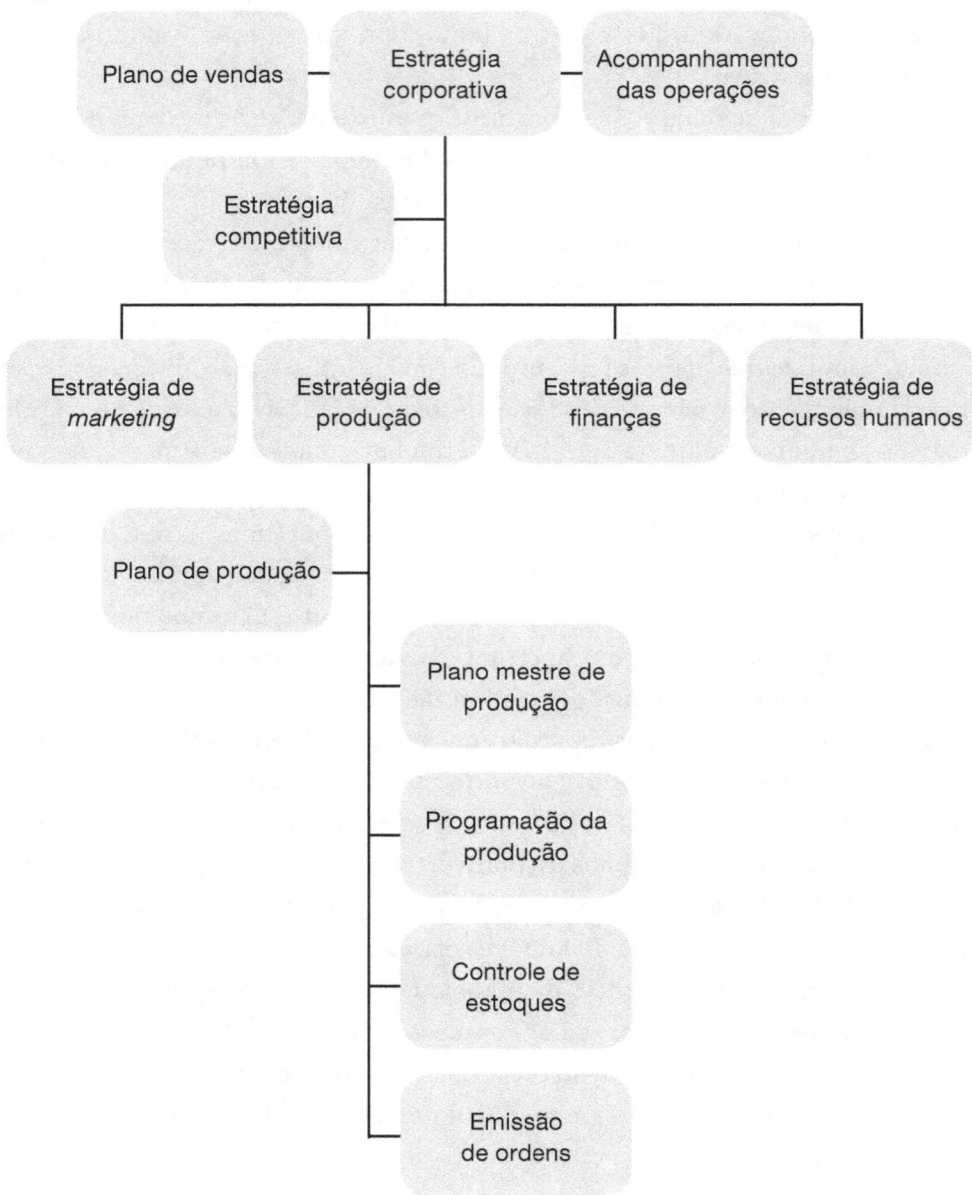

Imagine que o P&D resolve desenvolver um novo produto sem consultar as demais funções. Depois de desenvolver o produto, solicita que a produção inicie a fabricação do produto para venda. A produção não tem capacidade disponível para fabricar esse novo produto; assim, refaz toda a sua programação de produção para a inserção do produto e recruta com urgência mais mão de obra, que vai para a produção sem o treinamento necessário. Depois de produzido, o produto vai para o mercado e não é vendido. Consegue imaginar o transtorno e o prejuízo da ação do P&D? Se antes de desenvolver o produto o P&D tivesse solicitado ao setor de *marketing* uma pesquisa de intenção de compra, teria verificado que o produto não teria vendagem antes mesmo de ser produzido, o que evitaria prejuízos. Outra alternativa seria, ainda, após a pesquisa de mercado, o P&D fazer os ajustes necessários para que o produto tivesse venda e, somente então, depois de conhecida a capacidade de venda, solicitar ao setor de engenharia o desenvolvimento do novo processo produtivo, com o aval do setor de finanças para o investimento necessário para o início da produção, inclusive para a compra de matéria-prima. Dessa forma, certamente a empresa teria mais sucesso com o lançamento do novo produto.

■ Síntese

Neste capítulo, trabalhamos o conceito de sistema produtivo, tratamos de sua evolução e dos diferentes tipos de sistemas produtivos, os quais podem influenciar diretamente no comportamento do PPCP (planejamento, programação e controle da produção), cujo conceito também foi apresentado neste capítulo. O PPCP é o cerne de um sistema produtivo, e entender seu funcionamento, assim como sua composição, é fundamental para atingir a satisfação do consumidor e obter lucratividade.

Na Figura 1.3, podemos observar uma síntese dos tópicos estudados.

Figura 1.3 – Síntese dos assuntos tratados no capítulo

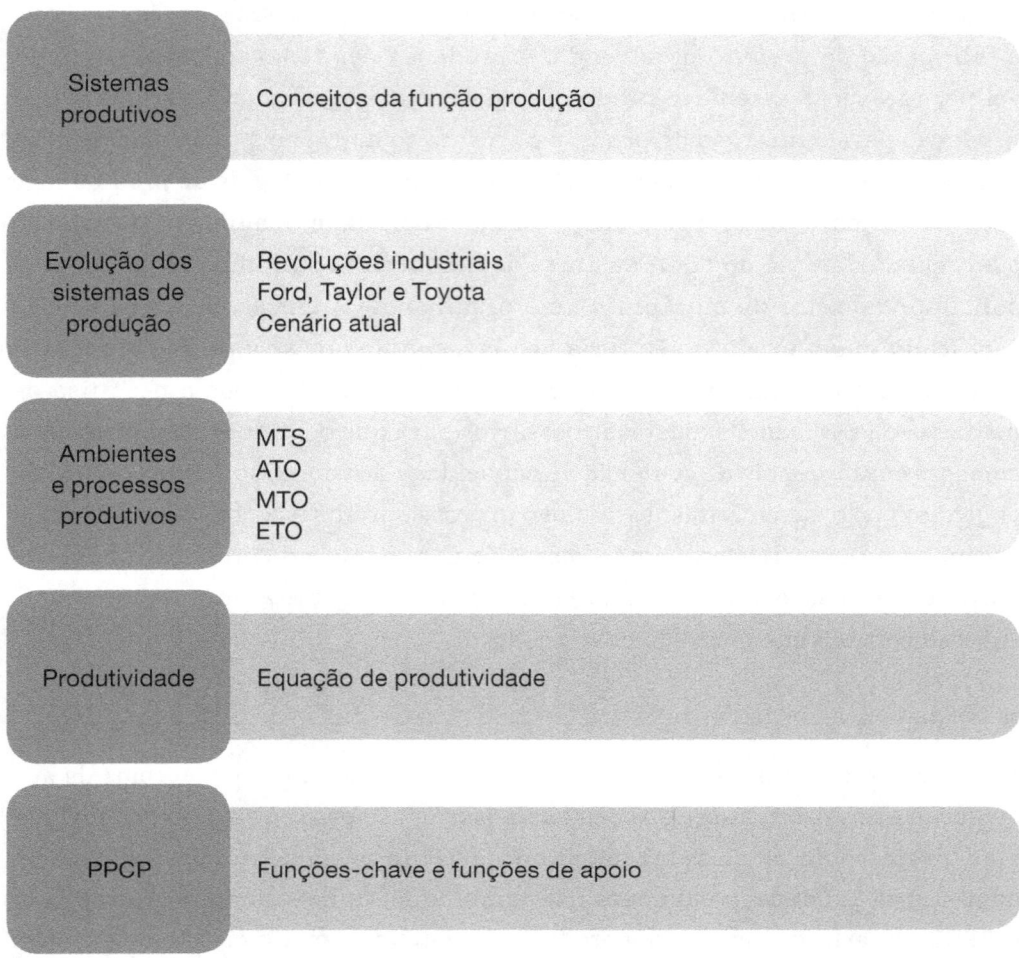

■ Questões para revisão ─────────────────────

1. Defina os *inputs*, os *outputs* e os processos de transformação de um salão de beleza.

2. Defina os processos de transformação de um hospital, de uma universidade e de um banco.

3. Classifique os ambientes produtivos das seguintes empresas:
   a. McDonald's.
   b. Fábrica de sapatos.
   c. Uma costureira de alto padrão que trabalha em sua própria casa.
   d. Produção de álcool.

4. Após a análise dos dados produtivos, o gerente de produção da empresa ZAZ concluiu que, do ano de 2012 para 2013, houve um aumento de produtividade total de 15%. Considerando-se que a empresa teve uma receita bruta de R$ 5.000.000,00 em 2012, com custos totais de R$ 925.000,00 em 2012 e R$ 1.080.000,00 em 2013, qual foi a receita de 2013?

■ Questões para reflexão

1. Qual é a importância de calcular e analisar a produtividade de uma empresa?
2. As mudanças nos métodos de trabalho podem impactar a produtividade?
3. Você acredita que o desenvolvimento dos sistemas de informação pode provocar aumento na produtividade?
4. Estabeleça a relação entre a função produção e as demais funções de uma empresa (*marketing*, recursos humanos – RH, finanças, comercial, pesquisa e desenvolvimento – P&D, engenharia e manutenção).

■ Para saber mais

Para aprofundar seus estudos nos assuntos deste capítulo, sugerimos a leitura dos artigos abaixo.

TIGRE, P. B. Paradigmas tecnológicos. **Estudos em Comércio Exterior**, v. 1, n. 2, jan./jun. 1997. Disponível em: <http://www.ie.ufrj.br/ecex/arquivos/paradigmas_tecnologicos.pdf >. Acesso em: 14 mar. 2015.

PORTER, M. E. What is Strategy? **Harvard Business Review**, Nov./Dec. 1996. Disponível em: <https://hbr.org/1996/11/what-is-strategy>. Acesso em: 14 mar. 2015.

2 Previsão de demanda

Conteúdos do capítulo:
- *Conceito de previsão.*
- *Processo de previsão de demanda.*
- *Tipos de demanda.*
- *Técnicas de previsão de demanda.*
- *Erros existentes numa previsão de demanda.*
- *Gestão de demanda.*

Após o estudo deste capítulo, você será capaz de:
1. *identificar os diferentes tipos de demanda;*
2. *aplicar técnicas para calcular a previsão de demanda;*
3. *entender quais são os fatores que influenciam o comportamento da demanda;*
4. *calcular erros de previsão;*
5. *entender a diferença entre previsão e gestão de demanda;*
6. *trabalhar com os fatores de gerenciamento de demanda.*

Neste capítulo, apresentaremos o conceito de demanda, seu comportamento e seus diferentes tipos para o cálculo da previsão de demanda. Para tanto, abordaremos as diversas técnicas utilizadas, tanto as qualitativas quanto as quantitativas. Após o desenvolvimento da previsão, trabalharemos os erros contidos numa previsão de demanda, além de formas de gerenciá-la.

2.1 Introdução à previsão de demanda

Conhecer a demanda é fundamental para qualquer tipo de negócio. Em qualquer caso, o planejamento e a programação da produção (seja serviço, seja manufatura) giram em torno da previsão de demanda, ou seja, esse módulo é a base para um bom desempenho do PPCP (planejamento, programação e controle da produção).

A previsão, além de ser a arte de especificar informações sobre o futuro, é também um relacionamento entre um conjunto de métodos e conhecimentos sobre o mercado (Fernandes; Godinho Filho, 2010).

Podemos afirmar que a demanda se compõe de mercado, clientes, vendas e procura do produto oferecido. Assim, a previsão de demanda, segundo Caon, Corrêa e Gianesi (2009, p. 243), nada mais é do que um "conjunto de procedimentos de coleta, tratamento e análise de informações que visa gerar uma estimativa de vendas futuras, medidas em unidades de produtos (ou famílias de produtos) em cada unidade de tempo (semanas, meses etc.)".

É fundamental conhecer o processo de previsão de demanda para que se obtenham bons resultados. Neste momento, você deve estar se perguntando: o que vem a ser uma boa previsão de demanda? Só temos essa medida da previsão quando calculamos o erro de previsão e, portanto, este é o nosso parâmetro: o erro de previsão.

É normal a ocorrência de percentuais de erro de previsão, afinal, se pensarmos que nós somos a demanda e que nossos desejos são variáveis, veremos que nem sempre desejamos a mesma coisa. Podemos comprar um pacote de 5 kg de arroz em um mês e no mês seguinte comprar 5 pacotes de 1 kg de arroz. Se falarmos de matéria-prima, consideraremos que houve o mesmo consumo nos dois meses; se falarmos em família de produtos, entenderemos que existe apenas uma, a família de arroz; e, se considerarmos que o plano agregado de produção é feito por família de produtos, a informação ainda será a mesma, 5 kg de arroz, mesmo que, para a programação da produção, o funcionamento não seja o mesmo. Para a programação, precisamos conhecer realmente a previsão de venda de cada produto, ou seja, pacotes de 5 kg e pacotes de 1 kg, dois produtos diferentes. Para o cliente, não houve mudança, pois ele continuou consumindo 5 kg de arroz por mês, mas, para a empresa, houve diferença, já que ela vendeu dois produtos diferentes, um em cada mês. Você consegue perceber a dificuldade de prever uma demanda?

É muito comum ocorrer erro na previsão de demanda. Assim, mais importante que uma previsão exata é conseguir quantificar o erro e saber o motivo de ele ter ocorrido. Essa razão deve ser registrada para que nas próximas previsões o mesmo erro não volte a acontecer. Portanto, é muito importante conhecer as razões para a ocorrência de erros na previsão, ter acesso às informações registradas e conseguir trabalhar com elas.

2.2 Processo de previsão de demanda

Um sistema de previsão de demanda considera as seguintes informações:
- dados históricos de vendas;
- informações e dados que expliquem comportamentos normais e atípicos de venda;
- informações de clientes, concorrentes e mercado;
- habilidades para manipular os dados e as informações;
- conjuntos de técnicas para previsão;
- conhecimento e cálculos dos erros da previsão.

Para Martins e Laugeni (2005), existem fatores internos e externos que influenciam o comportamento da demanda, apresentados no Quadro 2.1.

Quadro 2.1 – Fatores que influenciam o comportamento da demanda

Fatores internos	Fatores externos
Orçamento de vendas	Ciclo de vida do produto
Propaganda	Competição
Promoções	Consumismo
Projeto de produto/serviço	Eventos mundiais
Descontos	Ações governamentais

Fonte: Martins; Laugeni, 2005, suplemento para professores.

O orçamento de vendas tem a função de direcionar o comportamento da demanda de acordo com os interesses financeiros e estratégicos da empresa. A propaganda, a promoção e os descontos são fatores que, de certa forma, promovem o produto para os clientes, provocando aumento nas vendas. Em sentido oposto, quando se deseja reduzir as vendas de um produto, por restrição de capacidade, por exemplo, esses fatores promovem os outros produtos, de modo a alterar o foco das vendas. O projeto do produto ou serviço busca alinhar os interesses do consumidor com as possibilidades de oferta da empresa, procurando influenciar diretamente nas vendas do produto. Esses são os fatores internos, ou seja, decisões da própria empresa (propositais e estratégicas) que podem influenciar no comportamento da demanda.

Entre os fatores externos, devemos considerar o ciclo de vida do produto, que tem grande influência não apenas na demanda, mas também na mudança provocada em todos os módulos do PCP (programação e controle da produção), o que pode ser visualizado no Gráfico 2.1.

Gráfico 2.1 – Ciclo de vida do produto

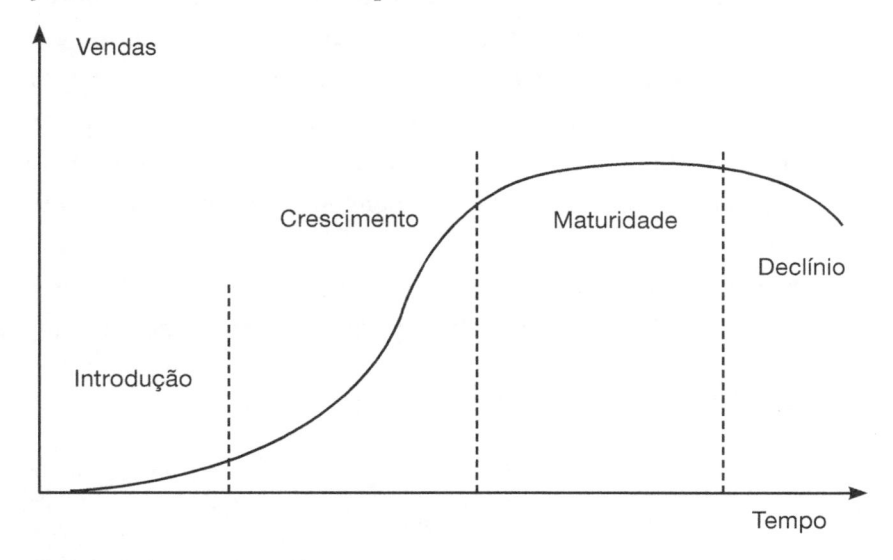

Fonte: Caon; Corrêa; Gianesi, 2009, p. 262.

O ciclo de vida de um produto é dividido em quatro etapas. Ele tem início com a inserção no mercado, etapa chamada de **introdução**. Nessa etapa, é muito difícil realizar uma previsão de demanda e, por consequência, um plano de produção. É provável que na introdução do produto/serviço no mercado haja um crescimento de vendas que conduzirá a previsão de demanda à utilização do método de tendência linear, sendo então possível calcular o coeficiente de crescimento (angulação da reta). Na segunda etapa do ciclo, conhecida como **crescimento**, que é uma projeção ampliada da situação da etapa anterior, é complicado identificar o momento em que a demanda deixa de crescer e atinge um equilíbrio, comportando-se em torno de um valor mediano. Essa terceira etapa é chamada de **maturidade** e refere-se ao momento em que se atinge um ápice de vendas. Essa fase pode durar semanas, como no caso da confecção, ou até mesmo anos, como no caso da Coca-Cola. No final dessa etapa, os cálculos de previsão tornam-se difíceis por conta da redução das vendas e pelo início incerto da redução. A última etapa, chamada de **declínio**, é parecida com a etapa de crescimento, porém a tendência é em sentido oposto. Na indústria de confecção, o ciclo todo tem a duração de uma estação, em torno de três a quatro meses – imagine como é difícil projetar uma demanda que tem duração de apenas quatro meses (no máximo) e com variações em quatro diferentes etapas.

A competição e o consumismo também são fatores externos que têm o poder de influenciar a demanda e a competição (nos aspectos positivos e negativos), pois o aumento de concorrência pode reduzir as taxas de demanda, além de provocar o desenvolvimento de produtos mais atrativos, gerando aumento da demanda. O consumismo, por sua vez, é um fator externo, que sofre influência da economia do país, sendo capaz de provocar mudanças no comportamento da demanda.

Por fim, ações governamentais, como redução de impostos, podem incentivar a procura por determinados produtos, assim como eventos mundiais, ou seja, eventos que ocorrem esporadicamente e influenciam as taxas de demanda, como a Copa do Mundo.

Para resumirmos esse assunto, podemos adotar o processo de previsão de demanda descrito por Caon, Corrêa e Gianesi (2009), apresentado na Figura 2.1.

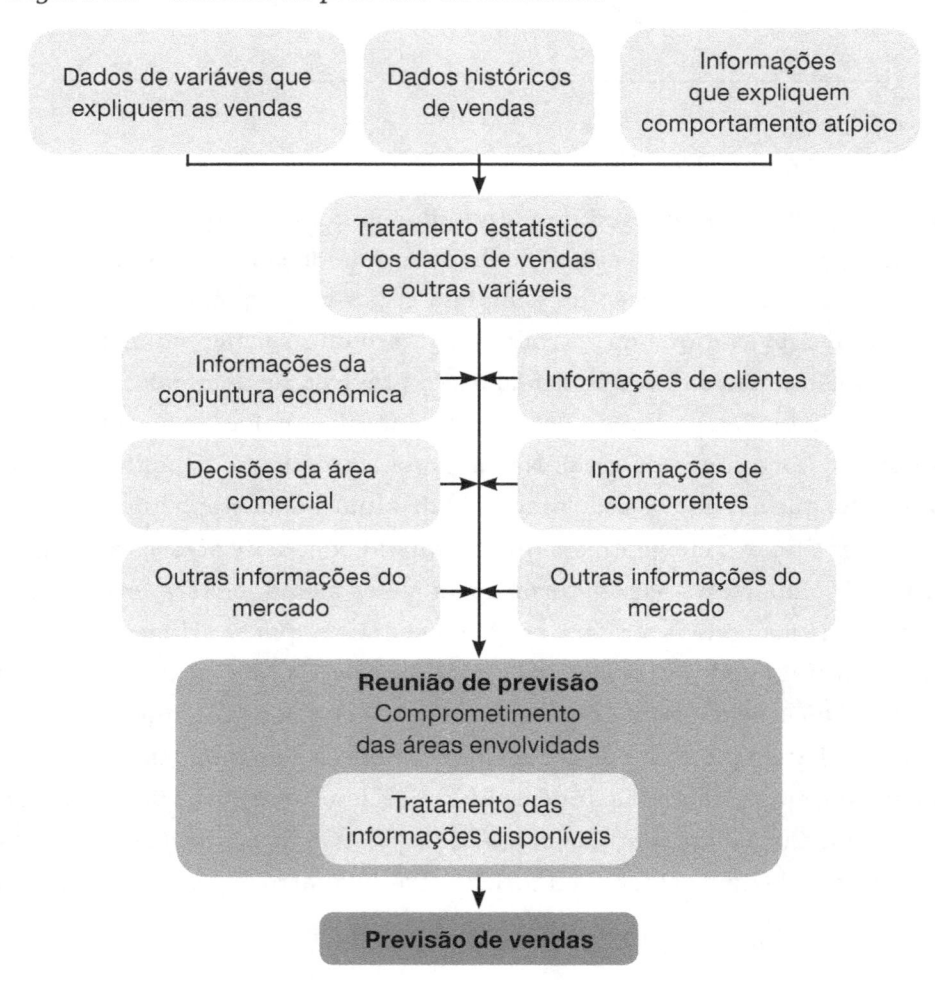

Figura 2.1 – Sistema de previsão de demanda

Fonte: Caon; Corrêa; Gianesi, 2009, p. 245.

O primeiro passo para um processo de previsão de demanda, segundo Fernandes e Godinho Filho (2010), é definir o **objetivo da previsão**. Essa informação dará o direcionamento da previsão nos próximos módulos do PCP.

No processo descrito por Caon, Corrêa e Gianesi (2009), para iniciarmos a previsão de demanda, é necessário conhecermos os dados históricos de vendas. Para isso, precisamos de um registro das vendas passadas dos produtos sobre os quais desejamos realizar a previsão. Junto a tais dados, precisamos de informações que expliquem o comportamento das vendas. Conhecendo esses dados, aplicamos um primeiro tratamento estatístico nos dados para identificar o tipo de demanda, informação-chave para a escolha do método a ser utilizado.

Após identificarmos o tipo de demanda e escolhermos o método a ser aplicado, passamos para o próximo passo: coletar informações adicionais. Essas informações podem ser: informações de conjuntura econômica (a redução de IPI – Imposto sobre Produtos Industrializados –, por exemplo, causou grande impacto nas vendas de carros e eletrodomésticos nos primeiros meses, até que se tornou uma informação comum); informações do mercado (em anos de Copa do Mundo, por exemplo, certamente a venda de bandeiras do Brasil é muito maior do que em outros anos); decisões da área comercial (aumento ou redução de vendas); e informações de concorrentes e outras informações do mercado que sejam convenientes registrar para maior eficácia da previsão.

Uma vez reunidas todas essas informações, devemos aplicar a técnica de demanda escolhida e chegar ao primeiro resultado da previsão. Caon, Corrêa e Gianesi (2009) sugerem, ainda, que esse primeiro resultado seja compartilhado com diversas áreas da empresa em busca de maior comprometimento das partes envolvidas. Em seguida ao envolvimento das diversas áreas, podemos aplicar novamente as técnicas, caso necessário, e chegar, enfim, ao resultado do processo de previsão de demanda.

O envolvimento das diversas áreas da empresa é essencial para o bom desempenho do processo de previsão, bem como para a execução do plano de produção, que será derivado da previsão de vendas.

A falta de envolvimento das diversas áreas no processo de previsão de demanda é um erro comum nas empresas? Quais são os problemas que podem ser ocasionados por essa falta de integração? Em decorrência da falta de integração podemos ter divergências nas quantidades previstas para vendas, na capacidade produtiva e no desenvolvimento de novos produtos, além de instabilidade de vendas, entre outros problemas. Por isso, aconselhamos o envolvimento das seguintes áreas no processo de previsão de demanda: os setores de *marketing* e comercial, pois detêm o conhecimento do comportamento do mercado, dos concorrentes e os registros de vendas; o setor da produção, para apontar a capacidade produtiva e os planos de produção anteriores; o setor de pesquisa e desenvolvimento (P&D), com informações sobre os novos produtos do mercado; e o setor financeiro, que dá o aval para as decisões internas relacionadas ao aumento de vendas, por exemplo – afinal, para aumentar as vendas, é preciso produzir mais; para produzir mais, é preciso adquirir maior quantidade de matéria-prima; para isso, é necessário ter à disposição recursos financeiros.

2.3 Tipos de demanda

A primeira análise a ser feita no processo de demanda é a análise estatística dos dados históricos de vendas. Como? Plotando-se os dados de venda em um gráfico de quantidade *versus* demanda. Esses dados podem apresentar graficamente diversas formas que geram os diferentes tipos de demanda. Podemos classificar a demanda em:

- média;
- tendência linear;
- sazonal;
- cíclica.

A demanda com comportamento em torno de uma **média** é aquela que não apresenta grandes picos de vendas. Ela apresenta oscilações, mas com pequenas amplitudes. Podemos exemplificar essa demanda com a venda de sabão em pó, que aparentemente não presume um maior consumo em determinada época do ano, pois as pessoas já estão habituadas a comprá-lo sempre na mesma quantidade.

A **tendência linear** é representada por aquela demanda com crescimento ou decréscimo constante, isto é, apresenta uma linearidade em uma angulação de reta que deve repetir-se na projeção futura. A tendência pode ser linear ou, ainda, ter outra configuração, por exemplo, logarítmica. Mas, da mesma forma, será projetada no futuro. Geralmente, novos produtos apresentam uma tendência de crescimento, natural quando se dá sua inserção no mercado.

Outro tipo de demanda é a **sazonal**, representada por picos de demanda que ocorrem sempre no mesmo período. É o caso, por exemplo, da venda de cerveja: certamente no verão há um pico de vendas desse produto, e isso acontece em todos os verões, ou seja, sempre na mesma época do ano. É uma característica do consumo do produto.

Por fim, temos a demanda **cíclica**, que funciona como um ciclo sempre com o mesmo período de duração. Podemos entendê-la melhor se pensarmos numa empresa de confecção. Quanto tempo se presume que deve durar o ciclo da venda de roupas? Uma estação. Isso mesmo, o período de um ciclo é exatamente o tamanho da estação, ou seja, a cada mudança de estação ocorre a substituição das roupas com a mudança de coleção. No início, existe uma pequena procura pelas roupas, que vai aumentando conforme entramos de fato na estação. À medida que se aproxima o final desse período, a procura diminui. Nos Gráficos 2.2 e 2.3 podemos visualizar melhor esse comportamento de demanda.

Gráfico 2.2 – Reprodutibilidade da demanda

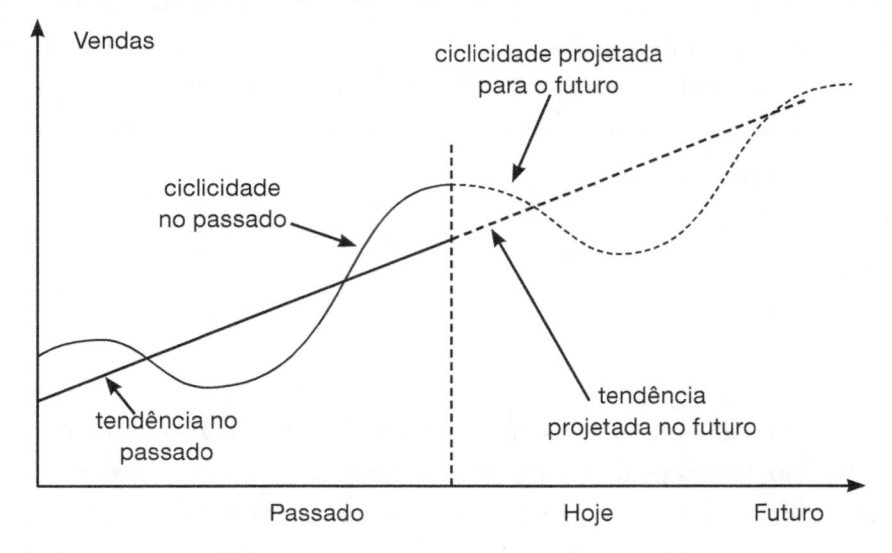

Fonte: Caon; Corrêa; Gianesi, 2009, p. 246.

Gráfico 2.3 – Tipos de demanda

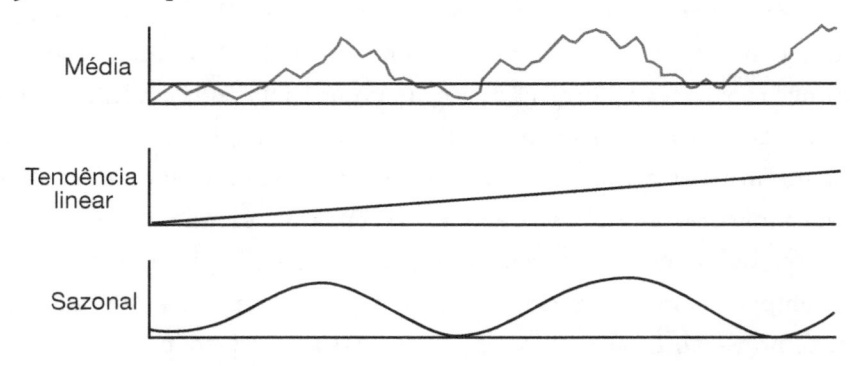

Fonte: Adaptado de Martins; Laugeni, 2005.

No Gráfico 2.3 podemos ver claramente como os dados históricos de venda (a demanda passada) são projetados na demanda futura. Se existir tendência, a projeção utiliza a mesma angulação de reta; se a demanda for cíclica, trabalha-se com o mesmo intervalo de tempo.

2.4 Métodos de previsão de demanda

A aplicação da técnica correta para a previsão de demanda é extremamente importante, pois é um dos principais motivos de erros de cálculo. Aplicar a técnica da média móvel, por exemplo, em uma demanda com tendência linear pode provocar a programação equivocada de produção e gerar grandes estoques ou, pior ainda, ocasionar a falta de produto no mercado, gerando insatisfação da demanda.

Na Figura 2.2 estão listados os métodos de previsão de demanda que trabalharemos neste capítulo.

Figura 2.2 – Técnicas de previsão de demanda

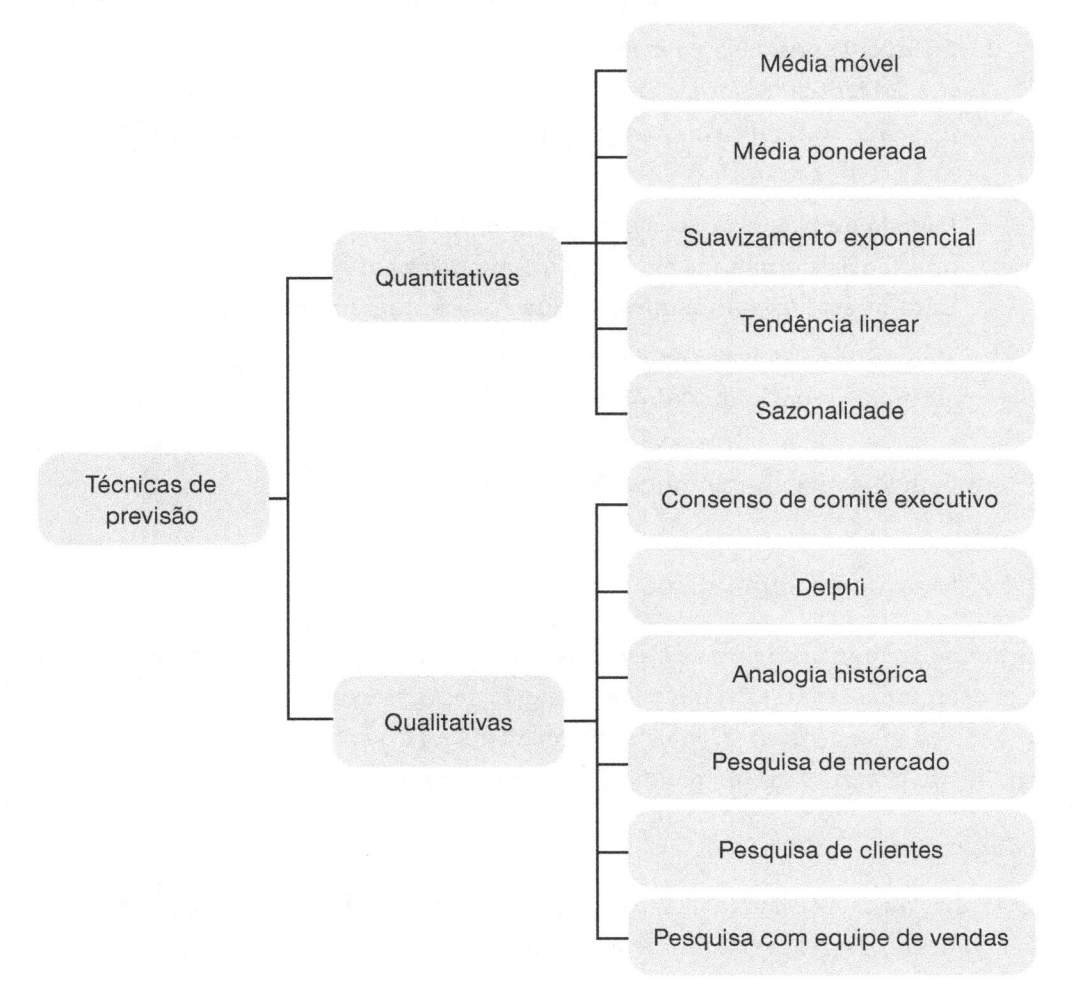

- Técnicas de previsão
  - Quantitativas
    - Média móvel
    - Média ponderada
    - Suavizamento exponencial
    - Tendência linear
    - Sazonalidade
  - Qualitativas
    - Consenso de comitê executivo
    - Delphi
    - Analogia histórica
    - Pesquisa de mercado
    - Pesquisa de clientes
    - Pesquisa com equipe de vendas

2.4.1 Métodos qualitativos

A abordagem qualitativa é composta de métodos mais subjetivos, baseados em opiniões e em conhecimento de mercado. Alguns autores costumam englobar nessa categoria a maioria dos métodos, mas, de acordo com Fernandes e Godinho Filho (2010), os métodos qualitativos para previsão de demanda podem ser divididos em:

a. **Método de consenso do comitê executivo**: Reúnem-se diversos departamentos da empresa em colaboração para a execução da previsão de demanda.

b. **Método Delphi**: É o estudo da previsão de demanda com base na opinião de um conjunto de especialistas que conhecem o mercado e que são capazes de colaborar com diversos fatores que podem influenciar a demanda.

c. **Método da analogia histórica**: Aplica-se uma analogia por produtos similares, ou seja, busca-se conhecer as vendas de um produto similar e, por analogia, realizar a previsão de demanda com base nesses dados históricos.

d. **Método de pesquisa de mercado**: Procura-se conhecer a intenção de compra no mercado por meio de entrevistas, fornecendo-se uma amostra do mercado da empresa. Costumam ser aplicadas técnicas estatísticas na análise dos resultados.

e. **Método de pesquisa de clientes**: A previsão é realizada com pesquisa de opinião diretamente com todos os clientes e com os clientes em potencial. É interessante para empresas que apresentam uma pequena clientela.

f. **Método de pesquisa da equipe de venda**: A previsão de demanda é baseada na estimativa individual dos vendedores. É geralmente aplicado por empresas que vendem diretamente para os clientes e com os quais mantêm um bom sistema de comunicação.

2.4.2 Métodos quantitativos

Os métodos quantitativos são baseados em dados históricos de vendas e em variáveis correlacionadas às vendas, ou seja, não se trata exatamente da quantidade de vendas, mas da quantificação de uma variável que pode estar relacionada às vendas do produto ou que pode influenciar a venda.

Média móvel

A técnica da média móvel é a técnica mais simples de previsão de demanda. É, no entanto, a mais difícil de ser aplicada, pois é necessário um cenário de estabilidade de vendas com comportamento em torno de um valor mediano. A equação para o cálculo da média móvel é a seguinte:

$$MM = \sum_{t=T-N+1}^{T} \frac{Dt}{N}$$

Em que:

- Dt é a demanda do período;
- N é número de períodos.

Exemplo 1

Vamos aplicar o método de média móvel imaginando que a demanda de janeiro a junho de um determinado produto seja representada pelos valores da Tabela 2.1, com os quais se produz o Gráfico 2.4.

Tabela 2.1 – Demanda do primeiro semestre (Exemplo 1)

Mês	Jan.	Fev.	Mar.	Abr.	Maio	Jun.
Demanda	110	123	108	105	119	128

Gráfico 2.4 – Demanda dos meses de janeiro a junho

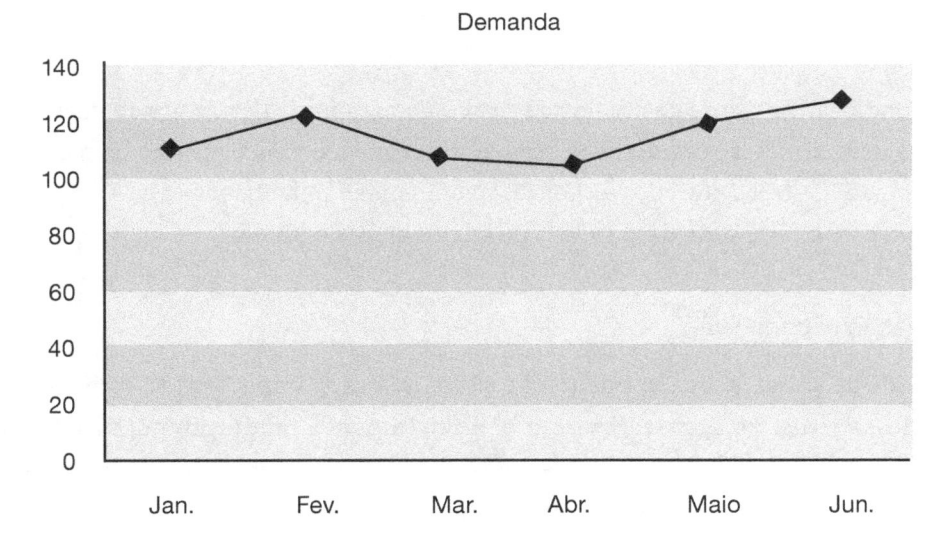

Apliquemos a equação do cálculo da média móvel para os seis períodos.

$$MM = \frac{110 + 123 + 108 + 105 + 119 + 128}{6} = 115,5$$

Poderíamos também utilizar apenas os últimos três meses. O importante é considerar sempre os meses mais recentes, pois eles estão mais próximos do comportamento real da demanda.

$$MM = \frac{105 + 119 + 128}{3} = 117{,}3$$

Podemos observar que os valores são diferentes; porém, se analisarmos os últimos três valores em relação ao semestre todo, identificaremos um pequeno crescimento nos últimos meses. Por esse motivo, a previsão de demanda com apenas os últimos três meses acaba sendo maior que a previsão que considera o semestre todo.

Média ponderada

A média ponderada atribui pesos aos períodos conferindo-lhes prioridades. Geralmente, priorizamos os períodos mais próximos à realidade, ou seja, os últimos.

Consideremos o Exemplo 1 para a aplicação da técnica da média ponderada. Vamos selecionar apenas os últimos três meses, ponderando-os com 70% em junho, 20% em maio e 10% em abril.

$$MP = \sum_{t=T-N+1}^{T} \frac{Dt \times p}{N}$$

Em que:
- p são os pesos atribuídos aos dados de demanda.

$$MM = ((105 \times 0{,}1) + (119 \times 0{,}2) + (128 \times 0{,}7)) = 123{,}9$$

Podemos observar que o valor da previsão está muito próximo ao verificado no mês de junho. Isso acontece porque ponderamos o mês de junho com o maior peso, ou seja, 70%. Intencionalmente, fizemos isso por observar no Gráfico 2.4 um leve crescimento de demanda a partir do mês de abril.

Suavização exponencial

O método de suavização exponencial é extremamente importante e interessante quando se trata de demandas com comportamento mediano, pois inclui um percentual do erro da previsão passada. Devemos lembrar que o processo de previsão é dinâmico, ou seja, semanalmente ou mensalmente, temos de realimentar os dados de vendas e recalcular a previsão a fim de eliminarmos o maior percentual de erros possíveis. A equação do método de suavização exponencial simples está descrita a seguir:

$$SE_T = SE_{T-1} + \alpha(D_T - SE_{T-1})$$

Em que:

- SE_{T-1} = previsão suavizada do período anterior;
- SE_T = previsão suavizada do período T;
- D_T = demanda real do período;
- α = constante de suavização, limitada de 0 a 1.

Ainda trabalhando com o Exemplo 1, se considerarmos os dados da Tabela 2.1 como os dados reais de venda, a previsão para o mês de junho com o valor de 123,9 unidades (obtida pelo método de média ponderada) e o coeficiente de suavização de 0,3, aplicando o método de suavização exponencial simples, teremos:

$SE_{julho} = 123,9 + 0,3(128 - 123,9) = 125,13$

Se analisarmos a equação, veremos que a subtração da previsão do valor da demanda real é a quantificação do erro da previsão anterior e que, se α pode variar de 0 a 1, esse coeficiente nada mais é do que o percentual do erro da previsão anterior que será embutido na previsão atual. Ou seja, no nosso exemplo, estamos considerando 30% do erro de previsão de junho na previsão de julho. O ideal é trabalhar em equilíbrio, isto é, não considerar nem tão pouco do erro nem o erro em sua totalidade.

Tendência linear

O método de tendência linear é aplicado sempre que for possível visualizar um crescimento ou decréscimo no gráfico de vendas. Vejamos o exemplo a seguir.

Exemplo 2

Considere uma empresa que deseja determinar a previsão de demanda de seu produto para os próximos seis meses e que para isso utiliza os dados de vendas do último semestre, como apontado na Tabela 2.2 e no Gráfico 2.5.

Tabela 2.2 – Dados de demanda (Exemplo 2)

Demanda	Jan.	Fev.	Mar.	Abr.	Maio	Jun.
Período	540	610	615	678	700	709

Primeiramente, devemos construir um gráfico com os dados de vendas dos últimos seis meses.

Gráfico 2.5 – Gráfico de vendas (Exemplo 2)

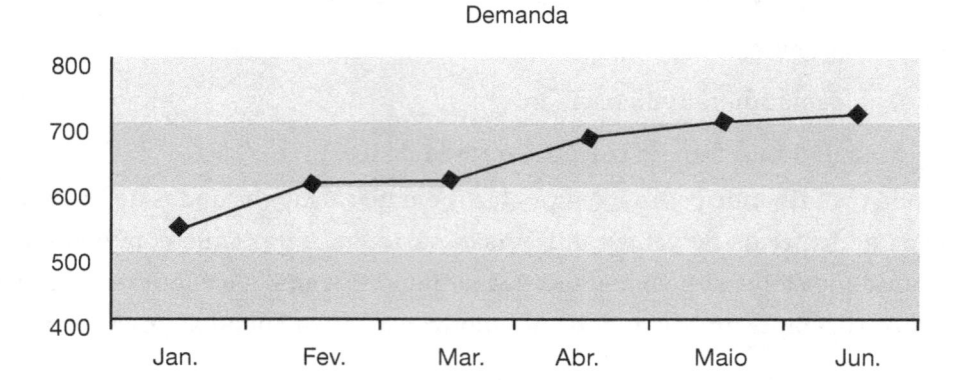

Demanda

Neste exemplo, aplicaremos o método de regressão linear (ou ajustamento de retas), que consiste em determinar a equação de reta:

$$y = a + bx$$

Em que:

- y é a variável dependente, ou seja, a demanda que iremos prever;
- x é a variável independente (geralmente o período).

Para o cálculo dos coeficientes a e b, usamos as equações:

$$a = \frac{\Sigma y - b(\Sigma x)}{n} \qquad b = \frac{\Sigma xy - n\overline{x}\overline{y}}{\Sigma x^2 - n(\overline{x})^2}$$

Para verificarmos a representatividade da equação em relação aos dados, devemos calcular o coeficiente de correlação, chamado r.

$$r = \frac{n\Sigma xy - \Sigma x \Sigma y}{\sqrt{[\Sigma x^2 - (\Sigma x)^2][n\Sigma y^2 - (\Sigma y)^2]}}$$

O coeficiente de correlação representa o quanto a variação da variável dependente está relacionada à variação da variável independente.

Tabela 2.3 – Tabela para cálculo da equação de regressão linear

Períodos (x)	Demanda (y)	xy	x²	y²
Jan. (1)	540	540	291.600	1
Fev. (2)	610	1.220	744.200	4
Mar. (3)	615	1.845	1.134.675	9
Abr. (4)	678	2.712	1.838.736	16
Maio (5)	700	3.500	2.450.000	25
Jun. (6)	709	4.254	3.016.086	36

Gráfico 2.6 – Equação da reta e coeficiente de correlação

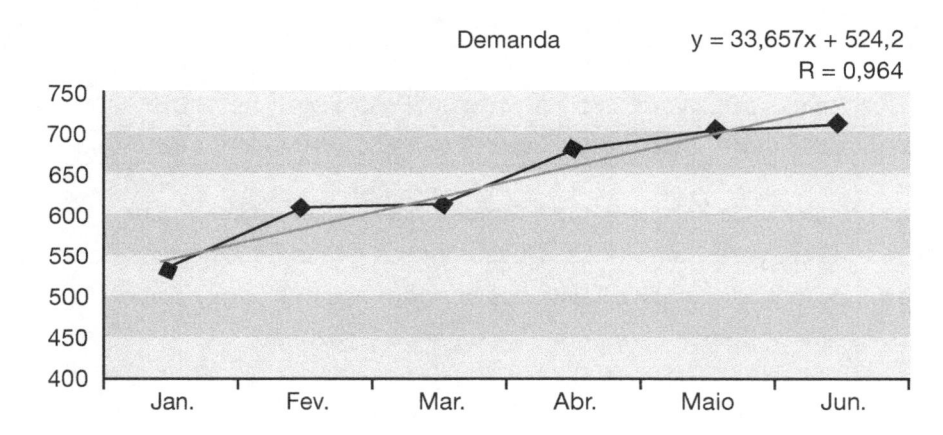

[Gráfico: Demanda ao longo dos meses de Jan. a Jun., com valores entre 400 e 750. Equação: y = 33,657x + 524,2; R = 0,964]

No Gráfico 2.6 podemos ver a linha de tendência traçada, a qual indica que os dados se comportam de forma linear e que a equação de reta calculada a partir dos dados de venda representa em torno de 96% dos dados, ou seja, tem r = 0,965.

Dessa forma, para fazermos a previsão dos próximos meses, basta substituirmos os períodos na variável *x* da equação.

y(julho) = 33,657(7) + 524,2 = 759,79

A previsão de demanda do mês de julho será de 759,79 unidades.

Sazonalidade

A técnica de sazonalidade é aplicada em demandas sazonais. Isto é, em determinados períodos do ano, a demanda sofre uma variação que pode ser positiva ou negativa, mas sempre no mesmo período. No entanto, para confirmarmos que a demanda é sazonal e verificarmos a coincidência de variação num mesmo período, precisamos ter mais de um ciclo para analisar. O período de ciclo geralmente é de um ano, mas pode variar de acordo com o tipo de produto. Para esse caso, utilizaremos um terceiro exemplo.

Exemplo 3

Considere uma empresa que vende pacotes de 1 kg de milho para pipoca e cujo histórico de vendas dos últimos três anos está resumido na Tabela 2.4 e no Gráfico 2.7, reproduzidos a seguir.

Tabela 2.4 – Dados de venda (Exemplo 3)

Demanda	Jan.	Fev.	Mar.	Abr.	Maio	Jun.	Jul.	Ago.	Set.	Out.	Nov.	Dez.
2011	305	290	280	286	270	610	540	303	286	599	287	290
2012	340	305	288	300	275	700	550	310	297	612	300	304
2013	355	310	290	298	295	714	550	311	301	620	307	310

Com os dados da Tabela 2.4, podemos construir um gráfico com a demanda dos três anos da venda de pipoca. Observando o Gráfico 2.7, notamos dois picos nos meses de junho e outubro. Tais picos ocorrem nos três anos sempre no mesmo período. Assim, podemos afirmar que a demanda é sazonal.

Gráfico 2.7 – Gráfico de vendas do exercício

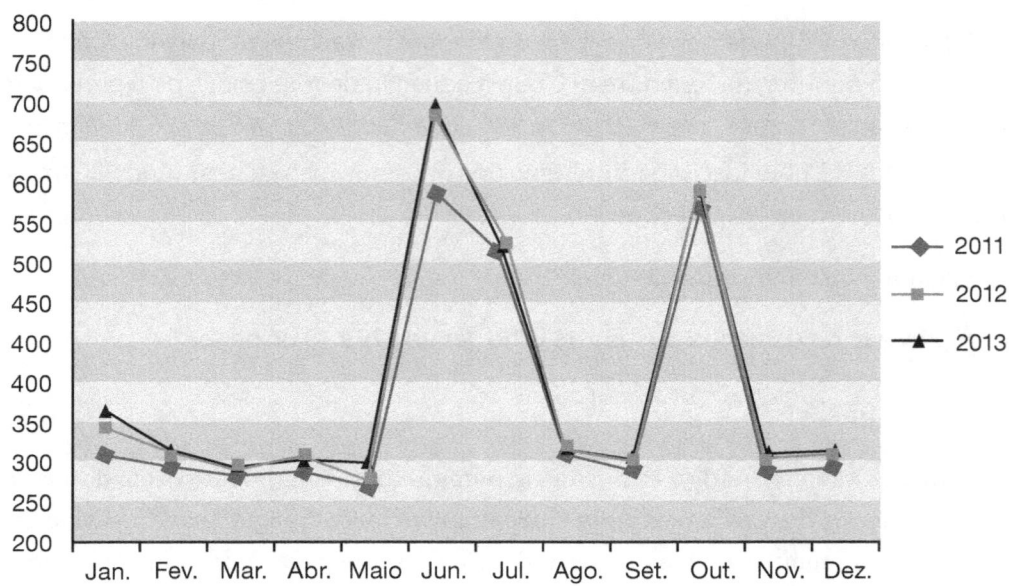

Para o cálculo da previsão de demanda para o próximo ano, o primeiro passo é calcular o coeficiente de sazonalidade, representado pela equação abaixo:

$$Cs = \frac{\text{demanda do período}}{\text{demanda total do ano}}$$

O coeficiente de janeiro de 2011 pode ser calculado por:

$$Cs = \frac{305}{\Sigma \text{ demanda de 2011}} = 0{,}075$$

Tabela 2.5 – Cálculo dos coeficientes de sazonalidade (Exemplo 3)

Dem.	Jan.	Fev.	Mar.	Abr.	Maio	Jun.	Jul.	Ago.	Set.	Out.	Nov.	Dez.
2011	0,075	0,071	0,069	0,070	0,067	0,150	0,133	0,075	0,070	0,148	0,066	0,071
2012	0,079	0,071	0,067	0,070	0,064	0,164	0,128	0,072	0,069	0,143	0,065	0,071
2013	0,082	0,071	0,067	0,068	0,068	0,164	0,126	0,071	0,069	0,142	0,066	0,071
2014	0,079	0,071	0,068	0,070	0,066	0,159	0,129	0,073	0,070	0,144	0,066	0,071

Os coeficientes do ano de 2014 são obtidos pela média dos coeficientes do mesmo período, ou seja, o coeficiente de janeiro de 2014 é a média dos coeficientes de janeiro dos anos de 2011, 2012 e 2013.

Após o cálculo com os coeficientes, devemos calcular a demanda global do próximo, para então fazermos o cálculo inverso. Conhecendo a demanda global e o coeficiente de cada período, determinamos a previsão do período.

Para o cálculo da demanda global, precisamos observar o gráfico novamente e analisar se, além da sazonalidade, a demanda apresenta algum outro comportamento, ou seja, devemos identificar se a demanda é mediana ou se apresenta tendência.

Para ficar mais claro, podemos construir um novo gráfico apenas com os valores globais de cada ano, expostos na Tabela 2.6.

Tabela 2.6 – Demanda global dos anos de 2011, 2012 e 2013

Ano	Demanda total
2011	4346
2012	4581
2013	4661

Gráfico 2.8 – Gráfico da demanda global dos últimos três anos

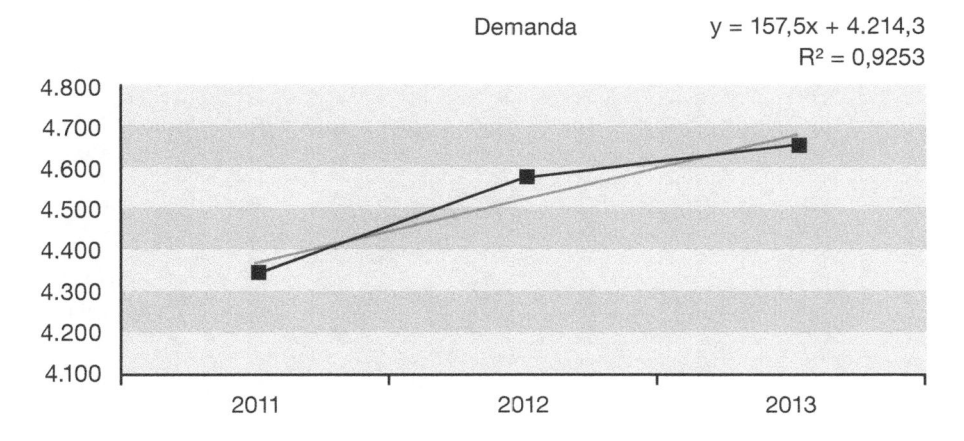

$y = 157,5x + 4.214,3$
$R^2 = 0,9253$

Observamos claramente um leve crescimento na demanda global com tendência linear. Com base nisso, já calculamos a equação da reta e o coeficiente de correlação. Utilizando a equação de reta, podemos determinar a demanda global do ano de 2014 e, posteriormente, calcular a demanda de cada mês do ano de 2014, multiplicando a demanda global pelo coeficiente médio do mês.

$y_{2014} = 157,5(4) + 4.214,3 = 4.844,3$

Tabela 2.7 – Previsão de demanda para 2014

Demanda	Jan.	Fev.	Mar.	Abr.	Maio	Jun.	Jul.	Ago.	Set.	Out.	Nov.	Dez.
2014	356	323	306	315	299	721	585	330	315	653	319	322

2.5 Erros de previsão de demanda

Para finalizarmos o tema em pauta, precisamos discutir um pouco os erros da previsão de demanda. É essencial quantificar os erros de uma previsão de demanda, bem como conhecer os motivos que levaram a tais erros. Somente assim é possível trabalhar para reduzi-los.

Para a quantificação do erro, podemos proceder de várias maneiras, como: calcular o desvio simples, que é a diferença entre previsão e valor real; calcular o desvio absoluto, que é o cálculo dessa diferença sem considerar o sinal, ou seja, verificar se faltou ou se sobrou produto; calcular o sinal de rastreamento (TS), que é a relação entre o desvio acumulado e o desvio absoluto acumulado médio; ou simplesmente calcular o percentual de erro da previsão em relação às vendas reais. Como a diferença é calculada pelo valor real menos a previsão, o sinal negativo significa que o valor real foi menor que a previsão, ou seja, sobrou produto, e o valor positivo significa que o valor real foi maior que a previsão, ou seja, faltou produto. Na Tabela 2.8, podemos observar os diversos tipos de erros.

Tabela 2.8 – Cálculo dos erros de previsão de demanda

Período	1	2	3	4	5
Valor real	210	240	218	220	245
Previsão	220	225	215	200	230
a) Desvio	–10	15	3	20	15
b) Desvio acumulado	–10	5	8	28	43
c) Desvio absoluto	0	15	3	20	15
d) Desv. absol. acumul.	0	25	28	48	63
e) Desv. absol. acum. médio	0	12,5	9,3	12,0	12,6
f) TS = b/e	1	0	1	2	3
g) Erro percentual	4,7%	6,6%	1,4%	10%	6,5%

O erro a ser calculado deve ficar a critério do analista da previsão. Aconselhamos trabalhar com o erro que for mais conveniente para a análise, ou seja, aquele cujo significado é fácil de trabalhar. O erro percentual é muito interessante de analisar, pois o cálculo de porcentagem fundamenta essa análise em torno de um parâmetro, que é o real. Os outros erros também utilizam o valor, mas, por instinto, talvez seja mais compreensível o valor em percentual.

Quanto ao erro calculado pelo sinal de rastreamento (TS), a literatura aconselha trabalhar com valores de –3 a 3.

2.6 Gestão de demanda

O gerenciamento da demanda é um processo mais amplo e estratégico, diferentemente da previsão de demanda, que é um processo numérico. O ato de gerenciar está inteiramente relacionado com a habilidade de influenciar o comportamento da demanda de forma a atender às limitações da empresa. Por exemplo, se a empresa possui elevado estoque de um determinado produto, é preciso provocar no mercado a necessidade de consumo desse item para que as vendas cresçam.

Assim, para ser capaz de realizar uma gestão de demanda adequada, a empresa deve atender a algumas características-chave:

- habilidade de prever a demanda;
- canal de comunicação com o mercado;
- poder de influência sobre a demanda;
- habilidade de prometer prazos;
- habilidade de priorização e alocação.

■ Síntese

Como vimos, o estudo da demanda é o componente de maior importância no planejamento e na programação da produção, pois os dados oriundos dos cálculos de previsão de demanda alimentarão a gestão de demanda, a qual deverá estar de acordo com a estratégia corporativa para subsidiar, por exemplo, os módulos de gestão de estoques, o sequenciamento de ordens, o cálculo da necessidade de materiais, entre outros aspectos.

A seguir, na Figura 2.3, apresentamos um resumo gráfico dos tópicos estudados neste capítulo.

Figura 2.3 – Síntese dos assuntos tratados no capítulo

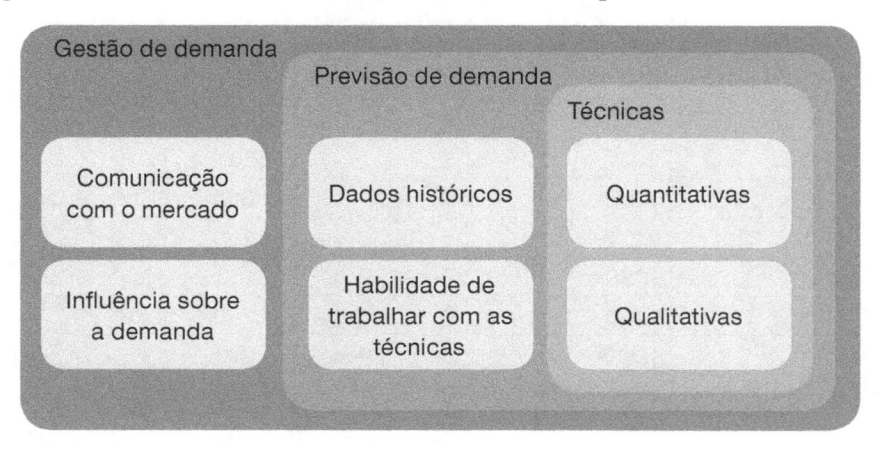

- Gestão de demanda
  - Comunicação com o mercado
  - Influência sobre a demanda
  - Previsão de demanda
    - Dados históricos
    - Habilidade de trabalhar com as técnicas
    - Técnicas
      - Quantitativas
      - Qualitativas

■ Questões para revisão ────────────────

1. As tabelas a seguir (A, B) representam o histórico de vendas (meses) de uma determinada empresa. Utilize os dados nelas contidos e escolha o método mais adequado para realizar a previsão de demanda em cada um dos casos. Realize a previsão para os três períodos que se seguem aos apresentados na Tabela A e para o ano seguinte no caso da Tabela B.

Tabela A

Período	Demanda real
1	640
2	654
3	630
4	648
5	631
6	650
7	632
8	635
9	640
10	646
11	641
12	644

Tabela B

Mês (2012)	Demanda real	Mês (2013)	Demanda real
1	830	1	785
2	790	2	805
3	800	3	820
4	1.230	4	1.300
5	1.260	5	1.260
6	1.190	6	1.180
7	1.190	7	1.240
8	1.340	8	1.270
9	1.260	9	1.210
10	1.200	10	1.150
11	1.220	11	1.200
12	1.210	12	1.280

2. O número de milhos verdes vendidos em uma barraca de praia, nas últimas três semanas, em período de férias foi:

Dia	Seg.	Ter.	Qua.	Qui.	Sex.	Sáb.	Dom.
Semana 1	135	147	153	170	190	201	230
Semana 2	149	155	170	185	200	220	239
Semana 3	150	165	173	196	215	230	245

Realize a previsão de demanda do consumo de milhos verdes para a quarta semana.

3. Uma empresa que vende arroz tem utilizado seus próprios dados de venda para fazer a previsão de demanda para os anos seguintes. Porém, existe uma desconfiança de que a demanda de arroz esteja relacionada com a taxa de crescimento populacional. Diante desses dados, realize a previsão de demanda para o ano de 2015 e justifique a escolha da técnica.

Trimestre/ano	2011	2012	2013	2014
1	1.020	1.170	1.220	1.350
2	410	420	460	510
3	490	480	490	470
4	370	410	400	420
Total				
Taxa anual de cresc. populacional	5,3	5,5	6,12	6,35

4. Uma construtora tem utilizado seus próprios dados de venda para fazer a previsão de demanda para os anos seguintes. Entretanto, existe uma desconfiança de que a demanda por novos apartamentos esteja relacionada com a variação da taxa Selic. Diante desses dados, realize a previsão de demanda para o ano de 2015 e justifique a escolha da técnica.

Trimestre/ano	2011	2012	2013	2014
1	620	800	850	590
2	310	350	350	290
3	280	340	340	260
4	360	490	510	300
Total				
Taxa Selic anual	11,8	8,3	7,9	10,0

■ Questões para reflexão

1. Qual é a relação entre a previsão de demanda e os módulos do PPCP (planejamento, programação e controle de produção) listados a seguir:
    a. Planejamento agregado de produção.
    b. Programação da produção.
    c. Gestão de estoques.
2. Quais são as dificuldades identificadas na aplicação dos métodos de previsão de demanda?
3. Diferencie previsão e gestão de demanda.
4. Forneça quatro exemplos de produtos que apresentam demanda sazonal.

■ Para saber mais

Para aprofundar seus estudos nos assuntos deste capítulo, sugerimos a leitura dos artigos abaixo.

NEUMANN, D. et al. Um novo modelo de previsão de demanda para inovações radicais. **Produção**, São Paulo, v. 24, n. 3, p. 605-617, jul./set. 2014. Disponível em: <http://goo.gl/4vPukQ>. Acesso em: 14 mar. 2015.

FOGLIATTO, F. S.; PELLEGRINI, F. R. Passos para a implantação de sistemas de previsão de demanda: técnicas e estudo de caso. **Produção**, São Paulo, v. 11, n. 1, p.43-64, nov. 2001. Disponível em: <http://goo.gl/JGLLjO>. Acesso em: 14 mar. 2015.

3 Planejamento de capacidade

Conteúdos do capítulo:
- *Conceito de capacidade.*
- *Tipos de capacidade.*
- *Planejamento de capacidade de longo, médio, curto e curtíssimo prazo.*
- *Planejamento da necessidade de materiais.*
- *Dados para a alimentação do MRP.*
- *Funcionamento do MRP.*
- *Fatores positivos e negativos do MRP.*

Após o estudo deste capítulo, você será capaz de:
1. *identificar os diferentes tipos de capacidade;*
2. *realizar cálculos de capacidade;*
3. *saber com qual capacidade trabalhar nos diferentes horizontes de planejamento de capacidade;*
4. *entender a dinâmica do MRP;*
5. *fazer uma estrutura de MRP e produto;*
6. *diferenciar MRP de MRP II.*

O planejamento de capacidade e a previsão de demanda são itens essenciais em qualquer plano de produção. Neste capítulo, examinaremos justamente os diferentes tipos de capacidade para podermos entender seu planejamento em diversos horizontes de tempo. O MRP (*Manufacturing Resource Planning*, ou cálculo da necessidade de materiais) também será abordado e representa o produto. Com as especificações de produto, a previsão de demanda, o conhecimento da capacidade e um sistema de MRP, podemos calcular a quantidade de materiais necessários para atender ao plano que iremos delinear. O conceito de capacidade está associado à quantidade de peças que uma empresa é capaz de produzir. No entanto, precisamos estar atentos aos vários tipos de capacidade para que não trabalhemos erroneamente apenas com a capacidade instalada ou disponível, projetando metas impossíveis, o que pode prejudicar a saúde do colaborador e interferir na qualidade das peças produzidas.

3.1 Tipos de capacidade

De acordo com Peinado e Graeml (2007), podemos dividir os tipos de capacidade conforme a classificação apresentada na sequência.

Capacidade instalada

A capacidade instalada é o cálculo da quantidade de peças que uma máquina pode produzir ininterruptamente. Isto é, trata-se do ideal, e não do real, pois existem turnos de trabalho, preparação de máquina, quebras, entre outras paradas. Essa capacidade pode ser obtida multiplicando-se o quanto uma máquina ou um centro produtivo é capaz de produzir por hora pelas 24 horas do dia. Essa é uma medida importante para decisões estratégicas.

Exemplo 1

Calcule a capacidade instalada de uma usina de açúcar que trabalha continuamente e é capaz de produzir 20 toneladas de açúcar por hora.

$$\text{capacidade instalada} = \frac{30 \text{ dias}}{\text{mês}} \times \frac{24 \text{ horas}}{\text{dia}} \times \frac{20 \text{ toneladas}}{\text{hora}}$$

= 1.440 toneladas de açúcar por mês

Capacidade disponível

Diferentemente da capacidade instalada, no cálculo da capacidade disponível, consideram-se os turnos de trabalho; no entanto, não se consideram as perdas.

Exemplo 2

Se uma indústria de autopeças é capaz de produzir 3 carburadores por hora trabalhando com 2 turnos de 6 horas, de segunda a sexta, qual seria a capacidade disponível?

$$\text{capacidade disponível} = \frac{(2 \times 6) \text{ horas}}{\text{dia}} \times \frac{5 \text{ dias}}{\text{semana}} \times \frac{4 \text{ semanas}}{\text{mês}} \times \frac{3 \text{ peças}}{\text{horas}}$$

= 720 peças por mês

O Exemplo 2 é apenas uma das formas de tratar essa capacidade; as empresas podem optar por trabalhar com 2 turnos de 8 horas, 3 turnos de 6 horas, turnos de 6 ou 7 dias com realização de hora extra, entre outras estratégias possíveis para o aumento da capacidade disponível.

Capacidade efetiva

A capacidade efetiva é o valor real da capacidade de produção, ou seja, nesse caso são consideradas as paradas programadas, que podem ser:

- *setups* iniciais;
- *setups* de mudança de produção;
- manutenção preventiva;
- troca de turno;
- parada para lanche;
- parada para amostragem de qualidade;
- outras paradas que devem ser planejadas.

No cálculo da capacidade efetiva, não se consideram as paradas inesperadas, somente as programadas. Essa capacidade deve ser considerada no momento de planejar a produção com vistas a cumprir a programação.

Capacidade realizada

A capacidade realizada diz respeito ao que efetivamente se conseguiu realizar dentro do esperado, ou seja, é a capacidade efetiva subtraída das paradas não programadas:

- falta de energia elétrica;
- falta de mão de obra;
- falta de matéria-prima;
- quebra de máquina;
- manutenção corretiva;
- parada de linha por problemas de qualidade;
- outras possíveis.

Tendo visto a tipologia das capacidades, podemos agora destacar alguns índices interessantes derivados do conhecimento dos diversos tipos de capacidade, como grau de disponibilidade, grau de utilização e índice de eficiência. O **grau de disponibilidade** indica o quanto uma unidade produtiva instalada está disponível para produzir, o que não indica que esse percentual deverá ser necessariamente aproveitado por completo, pois eventualmente será necessário considerar algumas paradas produtivas.

$$\text{Grau de disponibilidade} = \frac{\text{capacidade disponível}}{\text{capacidade instalada}}$$

Já o **grau de utilização** é o percentual do que realmente se pode aproveitar da capacidade disponível. Este, sim, é um índice possível, que se deve cumprir. Ele demonstra claramente o quanto a empresa está utilizando de sua capacidade disponível.

$$\text{Grau de utilização} = \frac{\text{capacidade efetiva}}{\text{capacidade disponível}}$$

Por último, o **índice de eficiência** representa o quanto a empresa conseguiu aproveitar de sua capacidade efetiva, ou seja, é a medida de eficiência da unidade produtiva.

$$\text{Índice de eficiência} = \frac{\text{capacidade realizada}}{\text{capacidade efetiva}}$$

Exemplo 3

Considere uma empresa que produz sofás trabalhando com 2 turnos de 8 horas, 5 dias por semana e que é capaz de produzir 2 sofás por hora. Com o auxílio dos registros de parada de produção da última semana, calcule:

a. capacidade instalada;
b. capacidade disponível;
c. capacidade efetiva;
d. capacidade realizada;
e. grau de disponibilidade;
f. grau de utilização;
g. índice de eficiência da empresa.

Tabela 3.1 – Paradas de produção durante uma semana

	Ocorrência	Tempo
1	Troca de turno	20 minutos
2	Falta de madeira	5 horas
3	Amostragem de qualidade	30 minutos
4	Falta de energia elétrica	50 minutos

(continua)

(Tabela 3.1 – conclusão)

	Ocorrência	Tempo
5	Manutenção corretiva	3 horas
6	Mudança de tecido (*setup*)	1 hora
7	Nenhuma ordem programada	1 hora
8	Manutenção preventiva	3 horas
9	Falta de mão de obra	30 minutos
10	Acidente de trabalho	2 horas
11	Falta de tecido	1 hora

Primeiramente, precisamos definir quais foram as paradas programadas e as não programadas.

Tabela 3.2 – Separação de paradas programadas e não programadas

	Ocorrência	Tempo	Tipo de parada
1	Troca de turno	20 minutos	Programada
2	Falta de madeira	5 horas	Não prog.
3	Amostragem de qualidade	30 minutos	Programada
4	Falta de energia elétrica	50 minutos	Não prog.
5	Manutenção corretiva	3 horas	Não prog.
6	Mudança de tecido (*setup*)	1 hora	Programada
7	Nenhuma ordem programada	1 hora	Programada
8	Manutenção preventiva	3 horas	Programada
9	Falta de mão de obra	30 minutos	Não prog.
10	Acidente de trabalho	2 horas	Não prog.
11	Falta de tecido	1 hora	Não prog.

a. Capacidade instalada = $\dfrac{7 \text{ dias}}{\text{semana}} \times \dfrac{24 \text{ horas}}{\text{dia}} \times \dfrac{2 \text{ sofás}}{\text{hora}} = 336$ sofás por semana

b. Capacidade disponível = $\dfrac{5 \text{ dias}}{\text{semana}} \times \dfrac{16 \text{ horas}}{\text{dia}} \times \dfrac{2 \text{ sofás}}{\text{hora}} = 160$ sofás por semana

c. Capacidade efetiva

- Total de paradas programadas (1, 3, 6, 7, 8) = 4,83 horas

    Capacidade efetiva = capacidade disponível – paradas programadas

    Capacidade efetiva = $\dfrac{80 \text{ horas}}{\text{semana}} \times \dfrac{4{,}83 \text{ horas}}{\text{dia}} \times \dfrac{2 \text{ sofás}}{\text{hora}} = 150{,}34$ sofás por semana

d. Capacidade realizada
   - Total de paradas não programadas (2, 4, 5, 9, 10, 11) = 12,33 horas

   Capacidade realizada = capacidade efetiva – paradas não programadas

   Capacidade realizada por semana = $\dfrac{75,17 \text{ horas}}{\text{semana}} \times \dfrac{12,33 \text{ horas}}{\text{dia}} \times \dfrac{2 \text{ sofás}}{\text{hora}}$ = 125,68 sofás

e. Grau de disponibilidade = $\dfrac{160 \text{ sofás por semana}}{336 \text{ sofás por semana}}$ = 0,48 ou 48%

f. Grau de disponibilidade = $\dfrac{150,34 \text{ sofás por semana}}{160 \text{ sofás por semana}}$ = 0,94 ou 94%

g. Grau de disponibilidade = $\dfrac{125,68 \text{ sofás por semana}}{150,34 \text{ sofás por semana}}$ = 0,84 ou 84%

O que podemos concluir com base nesses resultados é que, considerando a capacidade que seria possível utilizar, a empresa aproveitou apenas 84%.

3.2 Decisões de planejamento de capacidade no horizonte de tempo

O planejamento de capacidade está presente nos três níveis hierárquicos (estratégico, tático e operacional). Ele parte do horizonte de longo prazo em direção ao de curtíssimo prazo, sendo que o tipo de decisão deve estar de acordo com a linha de tempo disponível para a execução do planejamento (Caon; Corrêa; Gianesi, 2009).

Figura 3.1 – Planejamento de capacidade nos diferentes níveis estratégicos

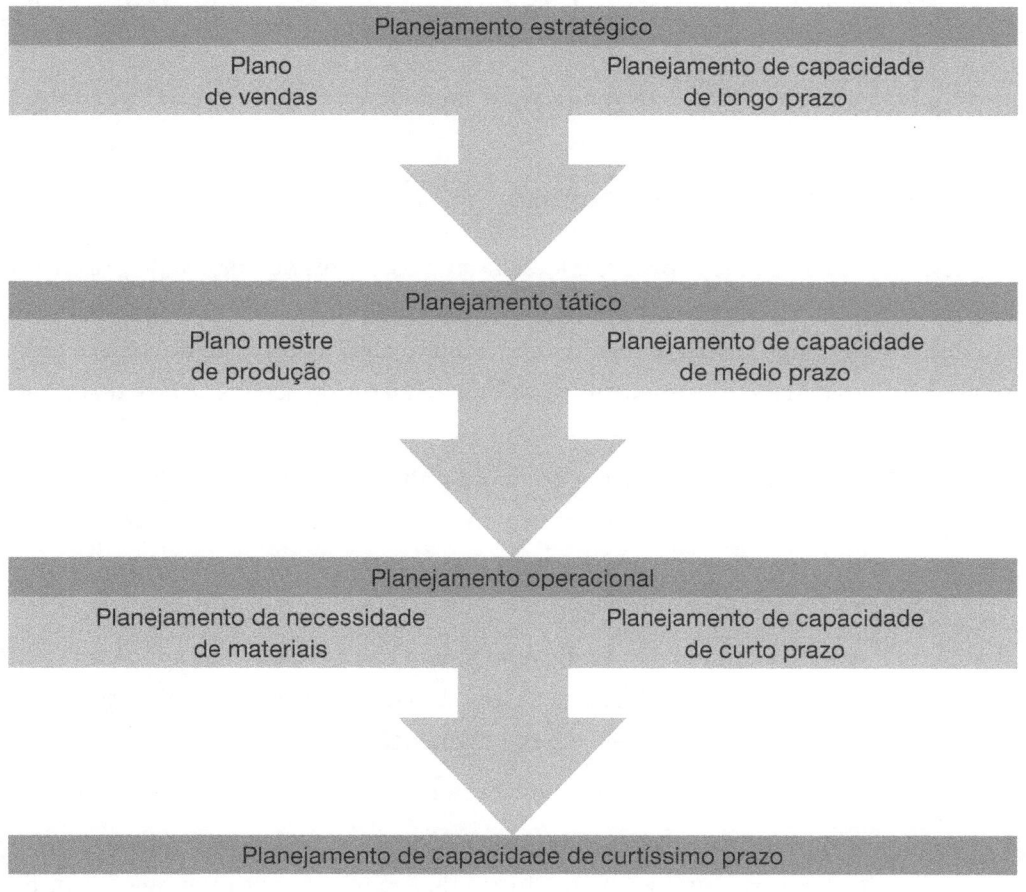

Planejamento estratégico
- Plano de vendas
- Planejamento de capacidade de longo prazo

Planejamento tático
- Plano mestre de produção
- Planejamento de capacidade de médio prazo

Planejamento operacional
- Planejamento da necessidade de materiais
- Planejamento de capacidade de curto prazo

Planejamento de capacidade de curtíssimo prazo

Fonte: Adaptado de Caon; Corrêa; Gianesi, 2009.

3.2.1 Planejamento de longo prazo

No planejamento de longo prazo, as decisões em torno da capacidade geralmente são de âmbito estratégico e atingem o planejamento de vendas, que deve alinhar as decisões de vendas com a capacidade dos recursos disponíveis. Nesse caso, o horizonte de tempo pode ir de meses a anos e demanda um cálculo rápido da capacidade para que possamos decidir entre:

- ampliar a capacidade disponível por meio de turno adicional;
- ampliar a capacidade por meio da contratação de novos colaboradores;
- adquirir novas máquinas para a expansão de capacidade definitiva;
- trabalhar com subcontratação, ou seja, terceirizar produtos ou serviços para que seja possível cumprir a demanda;
- focar na raiz do problema, buscando entender as limitações de capacidade e eliminá-las para automaticamente elevar a disponibilidade de capacidade;
- não atender ao plano de vendas (por meio de atrasos ou vendas perdidas).

3.2.2 Planejamento de médio prazo

No planejamento de médio prazo, trabalhamos com o plano mestre de produção (MPS), ou seja, uma vez estabelecidos o plano de vendas e o planejamento de capacidade de longo prazo, partimos para outro tipo de análise de capacidade, que se alinha ao MPS. Algumas das possíveis decisões nesse horizonte de tempo podem ser:

- influenciar a demanda para que ela se ajuste à capacidade disponível, o que pode ser feito por meio de promoções, alteração de preço, sistema de reservas, inserção de novos produtos/ou serviços para mudança de foco, entre outras possibilidades;
- ajustar a capacidade de acordo com a demanda, o que pode ser alcançado mediante a realização de horas extras diárias, antecipação ou postergação das ordens, terceirizações, entre outras ações;
- antecipar necessidades de capacidade que requeiram prazos maiores;
- alterar o plano de produção antecipando-se ou postergando-se ordens a fim de otimizar a utilização de linhas de produção, evitando-se máquinas ociosas ou reduzindo-se além de reduzir os *setups*;

- visualizar, em face do plano mestre de produção, a necessidade de aumento de capacidade e antecipá-la por meio da criação de estoques;
- não atender ao plano de vendas (por meio de atrasos ou vendas perdidas).

3.2.3 Planejamento de curto prazo

No horizonte de tempo de curto prazo, consideramos de um planejamento de semanas, na intenção de realizar uma programação de produção de acordo com o estabelecido pelo plano mestre de produção e pela capacidade efetiva de linha. Algumas ações que podem ser executadas nesse curto espaço de tempo são:

- visualizar, diante do plano mestre de produção, a necessidade de aumento de capacidade e antecipá-la por meio da criação de estoques ou, ainda, por meio de outro tipo de ação;
- gerar um plano detalhado de produção, viável e compatível com a capacidade de linha existente;
- programar turno extra e hora extra de acordo com a necessidade;
- concentrar esforços em atividades críticas, evitando desperdícios de mão de obra, material e linha;
- envolver o cliente na prestação de serviço fazendo-o participar de parte do processo, como é o caso das compras *on-line*, dos restaurantes *self service*, entre outros.

3.2.4 Planejamento de curtíssimo prazo

Esse horizonte de tempo corresponde a problemas inesperados que acontecem simultaneamente às operações ou que precedem as operações produtivas apenas em algumas horas. Por isso, trata-se de um planejamento de curtíssimo prazo, ou seja, daquilo que se pode fazer em dado momento. Algumas situações que podem ocorrer no curtíssimo prazo são:

- falha na qualidade do produto, o que pode gerar retrabalho, parada de linha, atraso nas ordens subsequentes etc.;
- baixa eficiência produtiva;
- atraso na entrega de material pelo fornecedor;
- atraso na execução de ordens.

Algumas estratégias de rápida execução no curtíssimo prazo são:

- trabalhar com o sequenciamento de ordens, pois ele influencia os tempos de *setup*;
- utilizar roteiros alternativos para a execução de ordens, o que pode aumentar a capacidade imediata de produção e evitar máquinas ociosas;
- dividir as operações com vistas a evitar *setups* desnecessários e aumentar o aproveitamento de linha;
- sobrepor ordens para maximizar a linha produtiva, evitando que o processo subsequente inicie apenas quando o processo precedente terminar, de modo a ganhar tempo na linha produtiva como um todo.

3.3 MRP – cálculo da necessidade de materiais

O cálculo da necessidade de materiais é o levantamento necessário, em quantidades, de cada material que compõe um determinado produto. Esse material pode ser uma matéria-prima, um subproduto ou, ainda, um produto. Nesta subseção, trataremos do planejamento da necessidade de materiais, módulo conhecido como MRP. Usaremos um exemplo muito comum para entender os parâmetros essenciais do MRP.

Imagine que faremos um bolo para servir sábado no café da manhã. Se o bolo é mais gostoso gelado, entendemos que ele precisa de, no mínimo, 12 horas na geladeira. Por isso, ele não poderá ser feito no sábado: precisa ser iniciado já na sexta. Quais são os ingredientes necessários? Temos todos eles em casa? Caso não tenhamos, precisaremos ir ao supermercado e, se considerarmos que os mercados costumam fechar às 18h, precisaremos ir antes desse horário.

Então, imagine que compramos todos os ingredientes às 17h. A que horas devemos começar a fazer o bolo? O tempo de forno é 50 minutos, mais 10 minutos de preaquecimento; o preparo do bolo leva em torno de 30 minutos, e sua montagem após assado leva uma hora. Se iremos servi-lo às 10h do dia seguinte, no mínimo, ele precisará ser posto na geladeira às 22h da sexta-feira – se o tempo de preparo (bater a massa, assar e montar) é de 2 horas e 30 minutos, deveremos iniciar o preparo do bolo às 19h30. No MRP, todo esse raciocínio em torno do horário de início do bolo é chamado de **escalonamento no tempo**.

Quanto ao preparo do bolo, precisamos conhecer sua receita, processo identificado no MRP como **estrutura do produto**, conforme apresentado na Figura 3.2.

Figura 3.2 – Estrutura do bolo

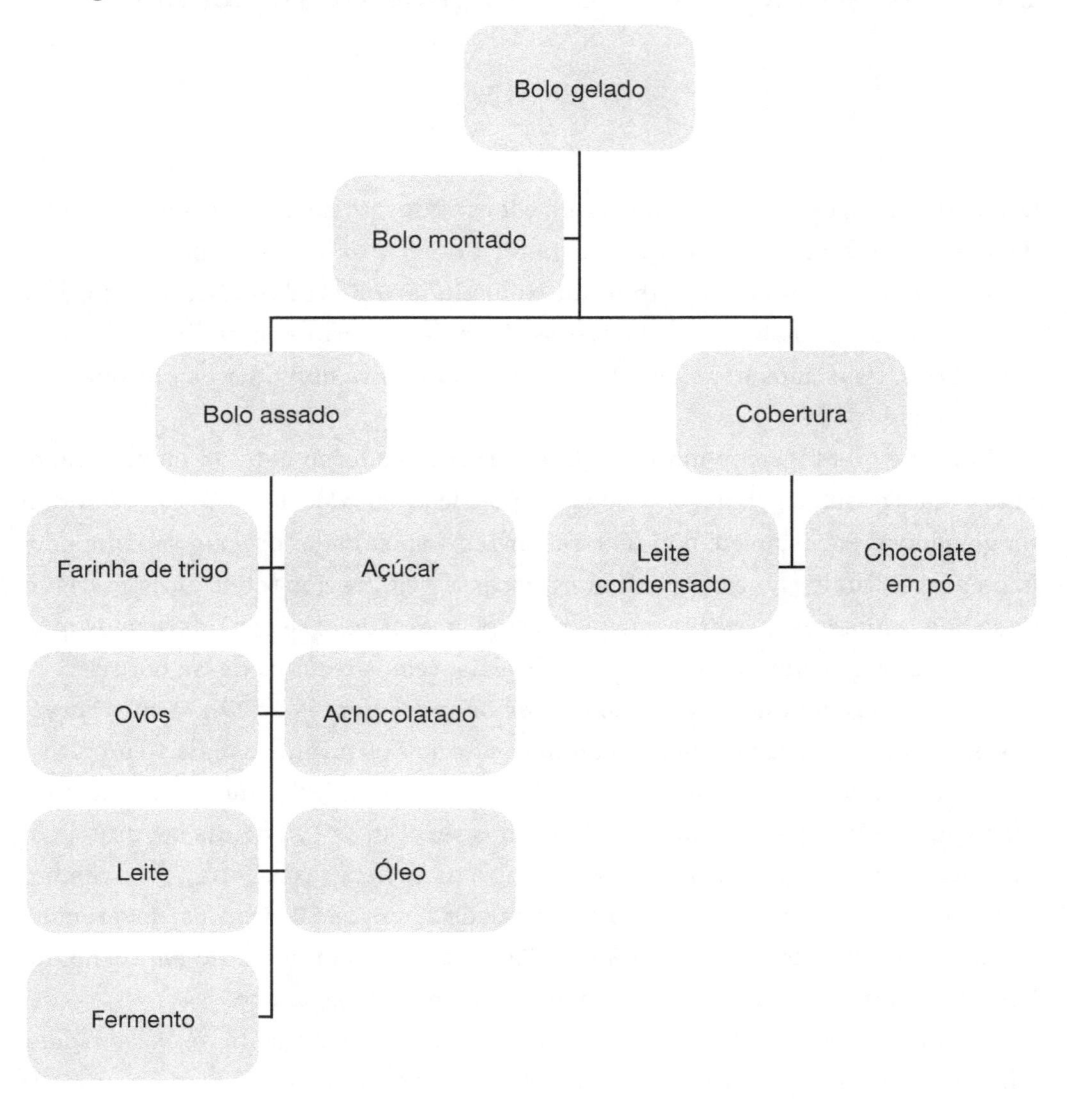

```
                    Bolo gelado
                         |
                    Bolo montado
          ┌──────────────┴──────────────┐
      Bolo assado                   Cobertura
     ┌─────┴─────┐              ┌───────┴────────┐
Farinha de trigo  Açúcar    Leite condensado  Chocolate em pó
     │           │
    Ovos     Achocolatado
     │           │
    Leite       Óleo
     │
  Fermento
```

Observando a Figura 3.2, podemos entender que existem algumas etapas para o preparo do bolo, bem como alguns itens interdependentes entrei si. Por exemplo, o bolo só poderá estar gelado se primeiramente for montado, processo que, por sua vez, pressupõe que o bolo já esteja assado e com a cobertura. Mas, para obtermos o bolo assado, precisamos primeiramente juntar vários ingredientes, assim como no caso da cobertura. Temos então **itens pais e filhos**, ou seja, dependentes e independentes, como chamamos no MRP.

Contudo, falta um detalhe: a quantidade de cada ingrediente. Isto é, precisamos fazer a **explosão do material**, como destacado na Tabela 3.3.

Tabela 3.3 – Explosão de materiais para o bolo

Item	Quantidade
Bolo gelado	01
Bolo montado	01
Bolo assado	01
Farinha de trigo	500 g
Açúcar	500 g
Óleo	200 ml
Ovos	03
Leite	200 ml
Achocolatado	100 g
Fermento	15 g
Leite condensado	395 g
Chocolate em pó	100 g
Cobertura	495 g

A explosão de materiais possibilita o conhecimento da **necessidade bruta** de material requerido para a fabricação de um determinado produto. Uma vez conhecida essa quantidade, é preciso calcular a **quantidade líquida** de cada material, ou seja, verificar o que já temos em estoque (ou o que está sendo produzido) e subtrair da quantidade bruta. Assim, se tivermos um ovo na geladeira, é preciso comprar apenas mais dois para fabricar o bolo.

Nesse exemplo, identificamos diversos parâmetros que fazem parte do MRP, como a estrutura do produto, a quantidade bruta e líquida de material, o tempo de *setup* (preaquecimento do forno), os itens pais e filhos e a dinâmica do MRP, que é o "pensamento para trás", ou seja, o escalonamento no tempo. Trataremos, agora, de cada um desses parâmetros individualmente, de modo a esclarecermos a dinâmica do MRP.

3.3.1 Estrutura do produto

A estrutura do produto, também chamada de *árvore*, é a base do MRP, pois todo cálculo de materiais ocorre em torno das quantidades definidas no MRP, que, por sua vez, é alimentado pela estrutura. O que isso significa? Para que um *software* ou um módulo MRP seja capaz de fazer o cálculo das quantidades de materiais e determinar a data exata para o início da operação, precisamos inserir nele alguns dados, como a estrutura do produto que determina a quantidade de cada material que o compõe, o *lead time* de entrega de cada um desses materiais e os tempos de *setup*.

Essa estrutura determina as quantidades de materiais e define a hierarquia dos itens, isto é, quais itens são pais e quais são filhos, além de os separar em diferentes níveis, como a estrutura que pode ser observada na Figura 3.3.

Figura 3.3 – Estrutura de uma mesa de cozinha

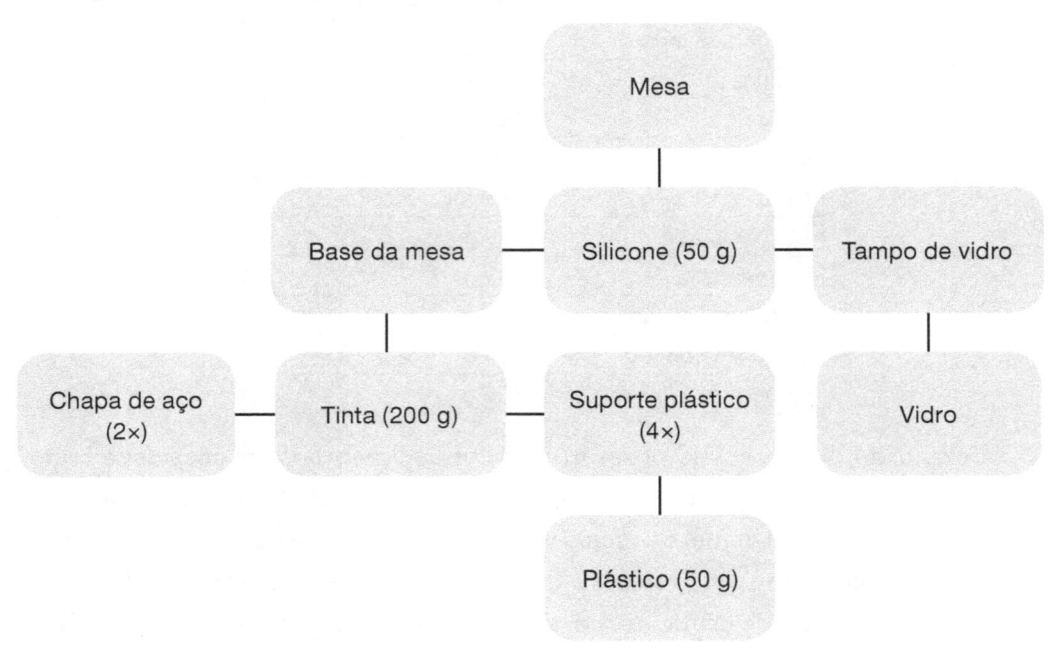

```
                            Mesa
                             |
        Base da mesa ─── Silicone (50 g) ─── Tampo de vidro
                |                                   |
Chapa de aço ─ Tinta (200 g) ─── Suporte plástico   Vidro
   (2×)                              (4×)
                                      |
                                 Plástico (50 g)
```

3.3.2 Demanda dependente e independente

A demanda independente geralmente é aquela que não fornece tanta acurácia de previsão, pois está pautada em produtos finais, ou seja, trata-se do produto demandado pelo consumidor, difícil de ser previsto. Já na demanda dependente, a previsão é possível de ser realizada, pois se baseia nos valores da demanda independente. Portanto, a partir do momento que fazemos um plano mestre de produção, por exemplo, já temos estabelecidos os valores de demanda independente e, assim, podemos calcular as quantidades de cada componente que representa a demanda dependente.

Já em relação aos itens pais e filhos, fica claro quando observamos a Figura 3.3, fica claro que a base da mesa é composta por chapa de aço, suportes de plástico e tinta, ou seja, estes são os itens filhos da base da mesa, que é o item pai. Por essa razão, estão em níveis diferentes na figura.

3.3.3 Explosão das necessidades brutas e cálculo das necessidades líquidas

Tendo a representação do produto por meio de uma estrutura, podemos fazer a explosão das necessidades brutas para a fabricação do material, pois na própria estrutura já especificamos as quantidades. Nesse momento, também é possível calcular a necessidade líquida com base nos valores de estoque presente ou projetado. Se precisarmos fabricar 50 mesas, teremos de considerar as necessidades indicadas na Tabela 3.4.

Tabela 3.4 – Cálculos das necessidades brutas e líquidas

Itens (filhos do item *mesa*)	Necessidade bruta	Estoque projetado	Necessidade líquida
Base da mesa	50	20	30
Tampo de vidro	50	0	50
Silicone	2,5 kg	5 kg	0
Itens (filhos do item *base da mesa*)	Necessidade bruta	Estoque projetado	Necessidade líquida
Chapa de aço	100	40	60
Tinta	10 kg	4 kg	6 kg
Suporte plástico	200	0	200
Itens (filhos do item *tampo de vidro*)	Necessidade bruta	Estoque projetado	Necessidade líquida
Vidro	50	0	0
Itens (filhos do item *suporte plástico*)	Necessidade bruta	Estoque projetado	Necessidade líquida
Plástico	2,5 kg	0	0

Na Tabela 3.4 aparecem claramente quais itens são pais e quais são filhos. Com base na quantidade de cada componente estabelecida na estrutura do produto, podemos calcular a quantidade necessária para 50 mesas. Por fim, para finalizar o raciocínio do MRP, ainda temos um item essencial, o escalonamento no tempo.

3.3.4 Escalonamento no tempo

Para fazermos o escalonamento no tempo, precisamos conhecer o tempo que leva para produzir cada item ou o tempo que o fornecedor leva para entregá-lo, pois esse será nosso dado de tempo, o *lead time* de fornecimento, seja de produção, seja de compra. A Tabela 3.5 apresenta os tempos de fornecimento.

Tabela 3.5 – Itens com suas respectivas quantidades e lead times

Itens	Necessidade bruta	Lead time
Base da mesa	50	2 semanas
Tampo de vidro	50	1 semana
Silicone	2,5 kg	5 semanas
Chapa de aço	100	1 semana
Tinta	10 kg	1 semana
Suporte plástico	200	3 semanas
Vidro	50	3 semanas
Plástico	2,5 kg	1 semana

Com base nos valores destacados na Tabela 3.5, podemos fazer o escalonamento no tempo para justificar o "pensar para trás" do MRP, como mostra a Figura 3.4.

Figura 3.4 – Escalonamento no tempo

						Silicone	
						LT = 5	
		LT = 1	Chapa				
		LT = 1	Tinta			Base	Mesa
	Plástico		Suporte			LT = 2	LT = 1
	LT = 1		LT = 3				
				Vidro	Tampo		
				LT = 3	LT = 1		
Semanas	1	2	3	4	5	6	7

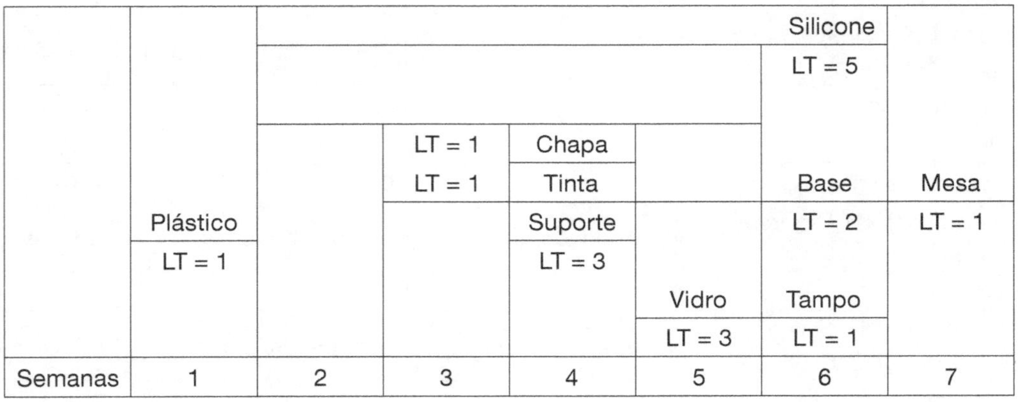

Observando a Figura 3.4, entendemos que o pedido das mesas precisa ser feito, no mínimo, com sete semanas de antecedência, pois esse é o prazo que leva para produzir esse item. Outro dado interessante que a figura apresenta é que, uma semana depois de o pedido (ou início da produção) do plástico ter sido feito, já é preciso fazer o pedido do item *silicone*, mesmo que este só venha a ser usado no final, pois é necessário considerar o tempo de fornecimento. Ou seja, a Figura 3.4 apresenta quais são as ações necessárias em cada semana. A Tabela 3.6 também descreve essas ações.

Tabela 3.6 – Ações de acordo com as datas

Data	Ação
Semana 1	Produzir/comprar plástico
Semana 2	Produzir/comprar silicone
Semana 3	Produzir/comprar vidro
Semana 4	Produzir/comprar chapa, tinta e suporte
Semana 5	Produzir/comprar base
Semana 6	Produzir/comprar tampo
Semana 7	Produzir/comprar mesa

3.3.5 Parâmetros do MRP

Como já mencionamos, alguns parâmetros são essenciais para o bom funcionamento do MRP. Vejamos cada um deles em detalhes.

a. **Tamanho do lote**: Existem diversas alternativas para o tamanho do lote programado no MRP. Um exemplo é o cálculo do lote econômico: o lote pode ter a mesma dimensão do pedido ou, ainda, ser dimensionado pelo tempo (uma semana produzindo-se o mesmo item). Ele pode também ser dimensionado para minimizar os custos totais ou estar relacionado com a capacidade de transporte. Enfim, existem diversas maneiras de estipular o tamanho do lote. Então, por qual delas decidir? A empresa deve estabelecer uma estratégia de atuação que direcione todo o seu funcionamento. Por exemplo, se a estratégia competitiva da empresa for a de custo, provavelmente ela escolherá um tamanho de lote que vise à minimização dos custos totais.

b. **Estoque de segurança**: Deve ser projetado considerando-se as incertezas das informações, tanto em relação à demanda independente quanto em relação ao *lead time* de fornecimento. O estoque de segurança busca minimizar os erros que podem ser provocados pelo MRP em decorrência das incertezas nas informações nele contidas.

c. ***Lead time***: Esse é um dado essencial para o funcionamento do MRP, pois esse módulo serve justamente para calcular as quantidades de materiais necessários e transportá-las para uma escala de tempo na qual se fará uma programação de pedidos. Ou seja, sem o conhecimento dos *lead times*, a programação é impossível. Valores incorretos desse parâmetro podem trazer muitos problemas ao sistema: falta de material, atraso da entrega, linha ociosa e estoque desnecessário. Uma outra falha apresentada pelo

MRP é que o módulo considera que os valores de *lead time* são fixos, o que, na prática, não acontece sempre, e isso prejudica a programação.

d. **Erros**: Erros no cálculo de previsão podem interferir diretamente no funcionamento do MRP, podendo causar instabilidade no sistema e elevar os custos produtivos.

Exemplo 4

Vamos utilizar mais um exemplo de estrutura de produto, ilustrada na Figura 3.5. Determinaremos a quantidade necessária de cada componente para que sejam montadas 250 unidades de P1.

Figura 3.5 – Estrutura do produto

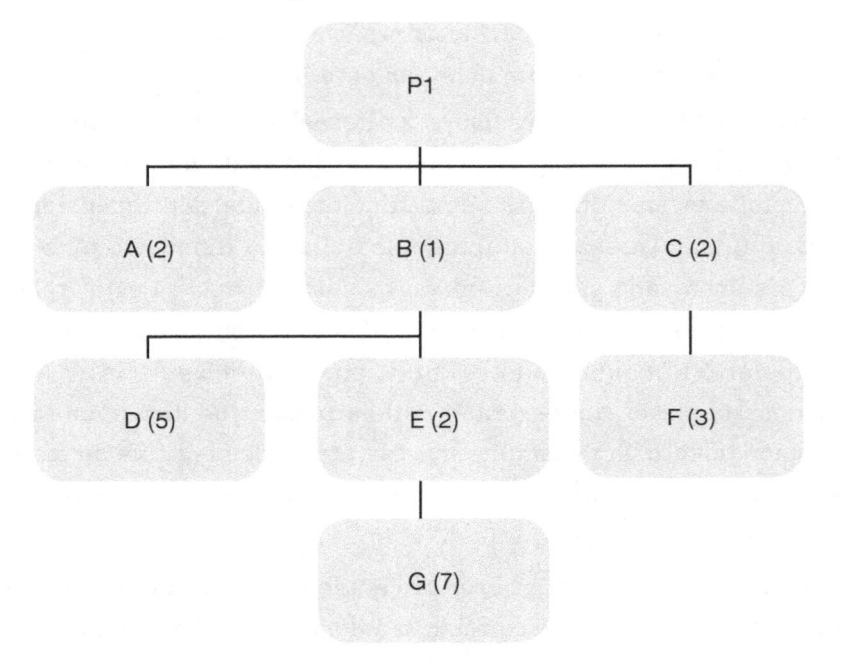

```
                    P1
         ┌──────────┼──────────┐
       A (2)      B (1)      C (2)
                ┌───┴───┐       │
              D (5)   E (2)   F (3)
                        │
                      G (7)
```

Cada letra da estrutura (A, B, C, D, E, F, G) representa um componente do produto, e os números significam suas respectivas quantidades. Os itens A, B e C são filhos de P1; logo, suas quantidades são referentes ao item pai. Ou seja, se produzirmos 250 unidades de P1, precisaremos de 500 unidades de A, 250 unidades de B e 500 unidades de C. Já os itens D e E são filhos do item B, o qual será sua referência quantitativa. Dessa forma, se produzirmos 250 unidades de B, precisaremos de 1.250 unidades de D e 500 unidades de E. Por fim, o item F é filho do item C, assim como o item G é filho do item E. Então, para a produção de 500 unidades de C, precisaremos de 1.500 unidades de F e, para produção de 500 unidades de E, precisaremos de 3.500 unidades de G.

3.3.6 Funcionamento do MRP

O MRP segue uma lógica de funcionamento segundo a qual é preciso registrar a necessidade bruta do material e o estoque disponível projetado (ou seja, o que se espera ter em determinada data). Além disso, é preciso registrar os recebimentos programados (a chegada de material em estoque), o recebimento de ordens planejadas (a quantidade que deve disponível no início do período) e a liberação de ordens planejadas. Observe a Tabela 3.7.

Tabela 3.7 – Funcionamento do MRP

Base da mesa	Período	1	2	3	4	5	6	7
	Necessidades brutas							50
	Recebimentos programados					30		
	Estoque projetado	20	20	20	20	20		50
	Recebimento de ordens planejadas					30		
	Liberação de ordens planejadas				30			
Tampo de vidro	Período	1	2	3	4	5	6	7
	Necessidades brutas							50
	Recebimentos programados						50	
	Estoque projetado	0						
	Recebimento de ordens planejadas					50		
	Liberação de ordens planejadas					50		

3.3.7 Fatores positivos e negativos do MRP

Segundo Fernandes e Godinho Filho (2010), os fatores do MRP podem ser divididos em positivos e negativos. São positivos:

- controle de operações;
- determinação e cumprimento de prazos;
- programação de compras;
- identificação de falta e excesso;
- possibilidade de trabalho com estruturas complexas.

Já os fatores negativos são os seguintes:
- valores fixos de *lead time*;
- grande investimento em *software*;
- utilização de capacidade infinita;
- possibilidade de falta de integração com o planejamento e com o controle da produção.

3.4 MRP e MRP II

O MRP II é uma extensão do módulo MRP. No entanto, ele não é um programa de fácil implantação. Basicamente, a grande diferença entre esses dois módulos é que o MRP considera **o que** será produzido, **quando** e **quanto**, como é apresentado na Figura 3.6. O MRP II, além dessas mesmas decisões, inclui **como** será produzido. O *como* representa os recursos que serão necessários para a produção do programa. Justamente por isso, trata-se de um sistema complexo de análise e implementação.

Quando falamos em recursos, não estamos nos referindo apenas à matéria-prima, mas a todos os *inputs* necessários, como já vimos no Capítulo 1. Os recursos são representados por mão de obra, máquinas e equipamentos, energia, capital, matéria-prima e tudo o que for necessário para ativar uma linha produtiva. Assim, o MRP II trata da alocação de todos esses recursos. Considerando-se que o plano mestre de produção compreende uma grande diversidade de produtos, a dinâmica do MRP II vai se tornando cada vez mais complexa, com vistas a executar todo o planejamento mestre de produção com os recursos disponíveis, evitando máquina ociosa, atraso de entrega e aumento de *lead time*.

Muitas empresas comumente imaginam que, pelo fato de já terem o MRP implementado, facilmente irão expandir para o MRP II, o que não é necessariamente verdade, pois isso depende muito da estrutura da empresa, da organização, dos sistemas utilizados, de capacitação, do incentivo financeiro e do tempo disponível para execução.

Figura 3.6 – Diferença entre MRP e MRP II

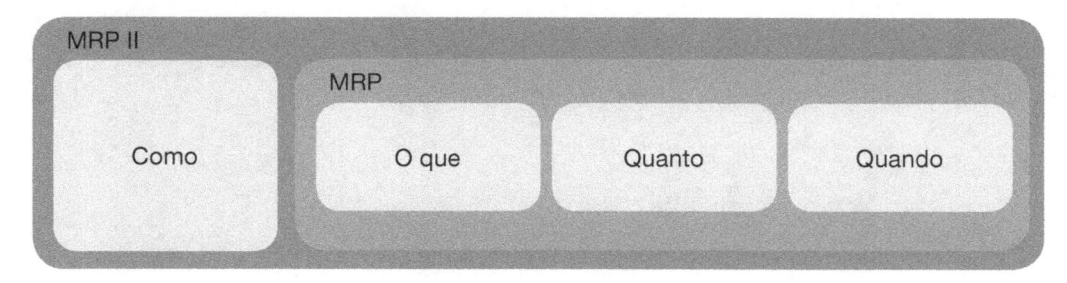

Síntese

Conhecer a capacidade produtiva é essencial para o planejamento, a programação da produção e a previsão de demanda. São informações que se complementam para a realização do PPCP (planejamento, programação e controle da produção). No entanto, a capacidade pode ser erroneamente calculada quando não se possui conhecimento sobre os diversos tipos de capacidade, apresentados neste capítulo.

Além disso, o cálculo da necessidade de materiais (MRP) é primordial para a correta execução da programação e do controle de estoques, pois prevê, com base no conhecimento da estrutura do produto e dos tempos intrínsecos aos seus materiais e processos, a necessidade exata de cada componente e produto para a satisfação da demanda.

As Figuras 3.7 e 3.8 sintetizam os conceitos estudados neste capítulo.

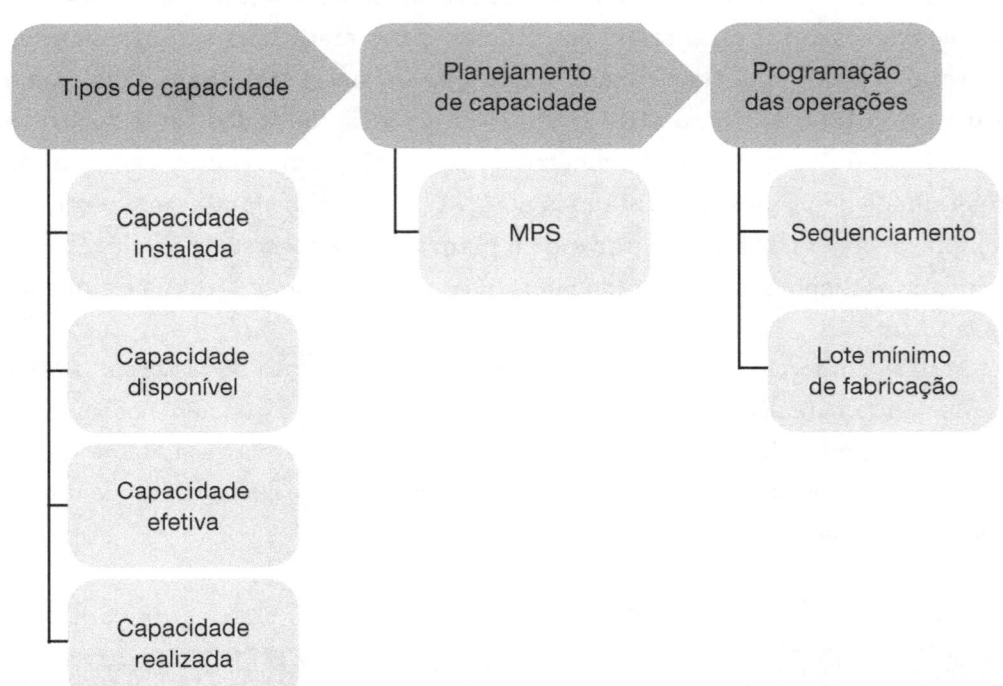

Figura 3.7 – Planejamento de capacidade

- Tipos de capacidade
  - Capacidade instalada
  - Capacidade disponível
  - Capacidade efetiva
  - Capacidade realizada
- Planejamento de capacidade
  - MPS
- Programação das operações
  - Sequenciamento
  - Lote mínimo de fabricação

Figura 3.8 – MRP

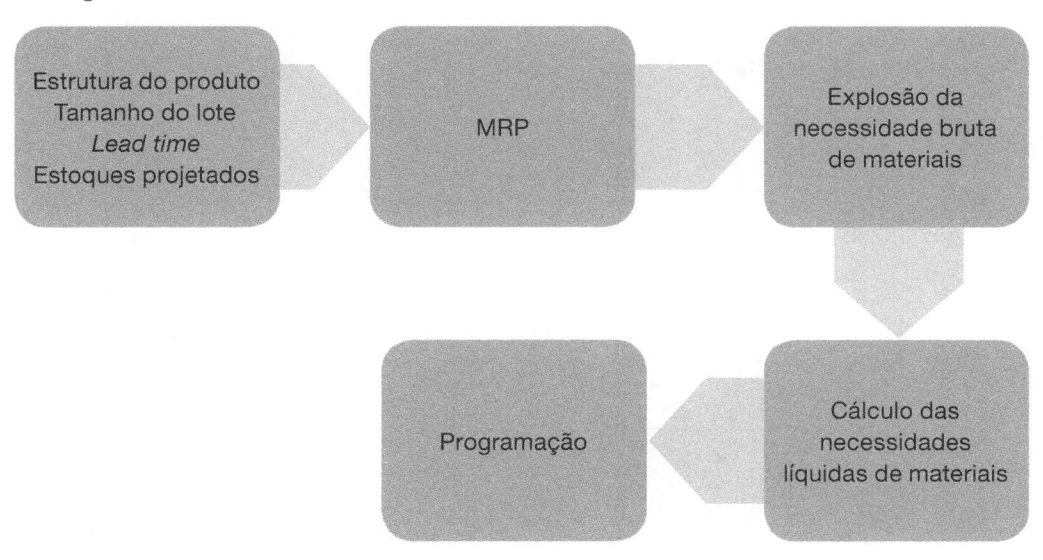

[Diagrama: Estrutura do produto / Tamanho do lote / *Lead time* / Estoques projetados → MRP → Explosão da necessidade bruta de materiais → Cálculo das necessidades líquidas de materiais → Programação]

■ Questões para revisão ─────────────────────────

1. Uma empresa apresenta capacidade de produção de 50 unidades/hora – trabalha com um turno de 8 horas por 5 dias e mais 4 horas de trabalho aos sábados. Utilizando os dados do quadro a seguir, que apresenta as paradas de uma semana, calcule:

Paradas de produção	Tempo
Setup	40 minutos
Falta de mão de obra	15 minutos
Falta de matéria-prima	35 minutos
Amostragem para teste	15 minutos
Manutenção preventiva	4 horas
Falta de energia	30 minutos
Acidente de trabalho	3 horas

   a. Capacidade instalada.
   b. Capacidade disponível.
   c. Capacidade efetiva.
   d. Capacidade realizada.

2. Utilizando os dados da atividade 1, calcule mais alguns índices para análise do desempenho da produção:
   a. Grau de disponibilidade.
   b. Grau de utilização.
   c. Índice de eficiência.

3. De acordo com a estrutura do produto apresentada a seguir, determine a quantidade necessária de cada componente para que sejam montadas 300 unidades de P1.

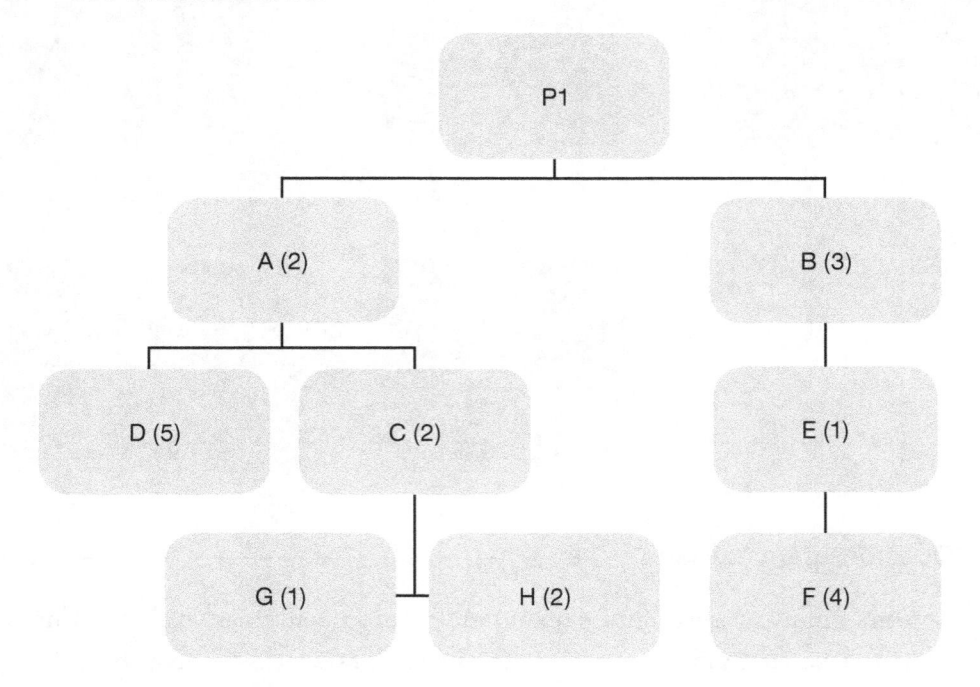

```
                    P1
           ┌─────────┴─────────┐
         A (2)               B (3)
      ┌────┴────┐               │
    D (5)     C (2)            E (1)
            ┌──┴──┐              │
          G (1)  H (2)          F (4)
```

4. Utilizando as estruturas de produto apresentadas a seguir e o quadro com as informações adicionais, determine as quantidades a serem produzidas de cada componente dos produtos, bem como as datas de liberação das ordens de produção para 150 unidades de P1 e 100 unidades de P2.

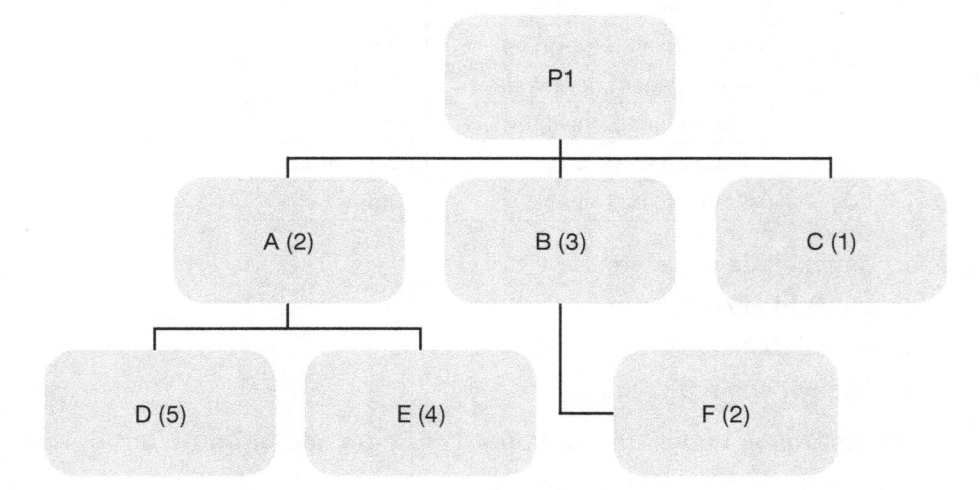

```
                       P1
          ┌─────────────┼─────────────┐
        A (2)         B (3)         C (1)
      ┌───┴───┐         └───┐
    D (5)   E (4)         F (2)
```

```
          P(2)
         /    \
      A(1)    B(1)
       |     / |  \
      C(3) D(2) E(1)
            |
           F(3)
```

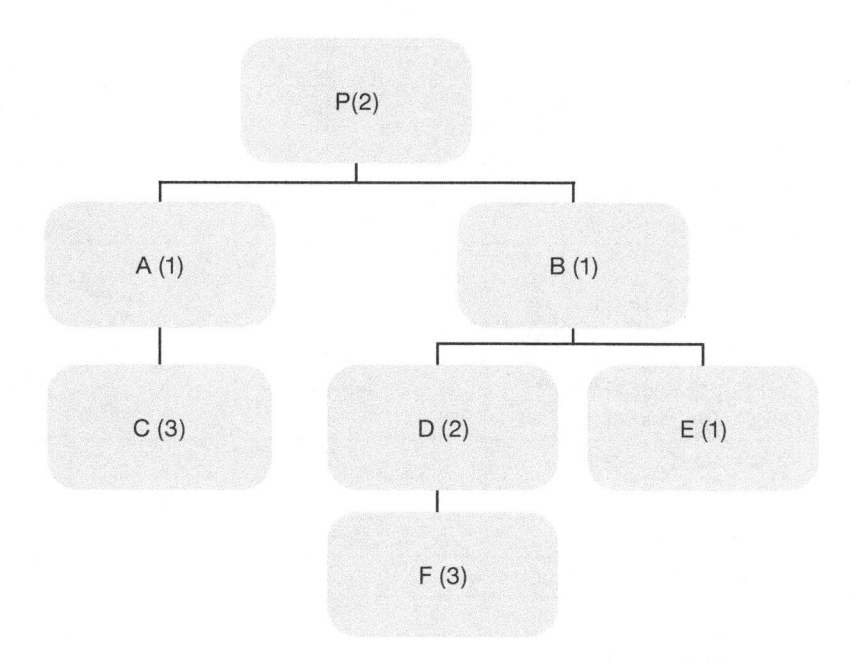

Item	Estoque	Lead time	Estoque de segurança	Tamanho do lote
P1	10	1	0	Lote livre
P2	0	1	0	Lote livre
A	30	1	0	Lote livre
B	50	2	50	Múltiplo de 50
C	100	3	50	Lote livre
D	0	2	0	Múltiplo de 50
E	105	1	0	Lote livre
F	20	2	0	Múltiplo de 50

		Períodos						
Item P1	Necessidade bruta							
	Recebimento programado							
	Disponível para estoque							
	Necessidade líquida							
	Liberação de pedido							
		Períodos						
Item P2	Necessidade bruta							
	Recebimento programado							
	Disponível para estoque							
	Necessidade líquida							
	Liberação de pedido							

(continua)

(conclusão)

		Períodos						
Item A	Necessidade bruta							
	Recebimento programado							
	Disponível para estoque							
	Necessidade líquida							
	Liberação de pedido							
		Períodos						
Item B	Necessidade bruta							
	Recebimento programado							
	Disponível para estoque							
	Necessidade líquida							
	Liberação de pedido							
		Períodos						
Item C	Necessidade bruta							
	Recebimento programado							
	Disponível para estoque							
	Necessidade líquida							
	Liberação de pedido							
		Períodos						
Item D	Necessidade bruta							
	Recebimento programado							
	Disponível para estoque							
	Necessidade líquida							
	Liberação de pedido							
		Períodos						
Item E	Necessidade bruta							
	Recebimento programado							
	Disponível para estoque							
	Necessidade líquida							
	Liberação de pedido							
		Períodos						
Item F	Necessidade bruta							
	Recebimento programado							
	Disponível para estoque							
	Necessidade líquida							
	Liberação de pedido							

5. Utilizando as duas estruturas de produto apresentadas a seguir, determine a quantidade a ser produzida de cada item que compõe os produtos X e Y para que sejam produzidas 400 unidades de X e 650 unidades de Y.

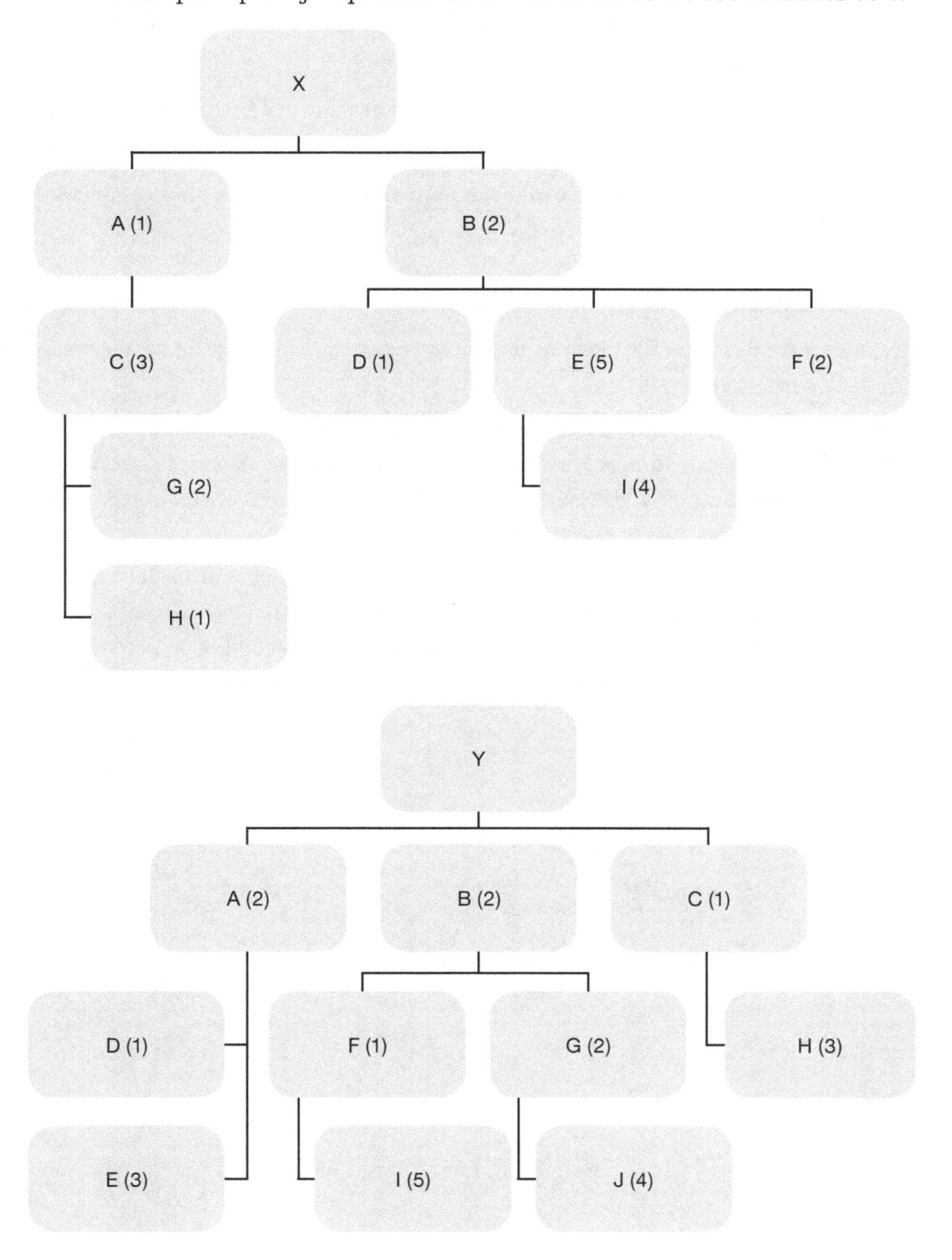

```
X
├── A (1)
│   └── C (3)
│       ├── G (2)
│       └── H (1)
└── B (2)
    ├── D (1)
    ├── E (5)
    │   └── I (4)
    └── F (2)
```

```
Y
├── A (2)
│   ├── D (1)
│   └── E (3)
├── B (2)
│   ├── F (1)
│   │   └── I (5)
│   └── G (2)
│       └── J (4)
└── C (1)
    └── H (3)
```

■ Questões para reflexão

1. Qual é o papel do sistema MRP?
2. É possível utilizar MRP em qualquer sistema de informação ou somente em *softwares* específicos?
3. Quais são os impactos de uma estrutura de produto com erros de quantidades?
4. Explique a ligação entre o planejamento de capacidade e o plano agregado de produção.

■ Para saber mais

Para aprofundar seus estudos nos assuntos deste capítulo, sugerimos a leitura dos artigos a seguir.

LAURINDO, F. J. B.; MESQUITA, M. A. Material Requirements Planning: 25 anos de história – uma revisão do passado e prospecção do futuro. **Gestão & Produção**, São Paulo, v. 7, n. 3, p. 320-337, dez. 2000. Disponível em: <http://goo.gl/xcNl3q>. Acesso em: 15 mar. 2015.

PERGHER, I.; PRADELLA, M.; VACCARO, G. L. Aplicação da simulação computacional para determinar a capacidade produtiva do processo de produção de pães: um estudo de caso. **Produto & Produção**, v. 14, n. 1, p. 22-39, fev. 2013. Disponível em: <http://goo.gl/Gilr6C>. Acesso em: 15 mar. 2015

4 Plano agregado de produção e planejamento mestre de produção

Conteúdos do capítulo:
- *Conceito de plano agregado de produção.*
- *Estratégias de atuação no plano agregado de produção.*
- *Conceito de plano mestre de produção.*
- *Dinâmica do plano mestre de produção.*

Após o estudo deste capítulo, você será capaz de:
1. *diferenciar plano agregado de produção de plano mestre;*
2. *escolher as estratégias adequadas para desenvolver um plano agregado de produção coerente com as limitações da empresa;*
3. *elaborar um plano mestre de produção.*

Este capítulo apresenta o cerne da produção de operações, pois aborda o plano agregado de produção, que é a junção das estratégias delineadas pela organização com o comportamento da demanda e com as restrições apresentadas pela empresa, num grande conjunto de materiais ou serviços a serem produzidos. Para isso, discutiremos algumas estratégias de atuação que visam alinhar o plano com a realidade da empresa de modo a gerar um plano mestre de produção que possa ser cumprido. Por último, trataremos da dinâmica do plano mestre de produção.

4.1 Plano agregado de produção

O plano agregado de produção indica que as informações ainda estão agregadas, ou seja, trata-se de um planejamento de longo prazo que deve fazer parte do plano estratégico da empresa.

Para pensarmos esse assunto, precisamos primeiro considerar que o PPCP (planejamento, programação e controle da produção) nos remete aos diferentes níveis no horizonte de tempo. Em cada nível, vemos representado um tipo de planejamento de acordo com os limites estabelecidos. Para esclarecermos esse alinhamento das decisões e do tempo, bem como os conceitos de plano agregado e de planejamento mestre, utilizaremos a ilustração proposta por Corrêa e Corrêa (2009), apresentada na Figura 4.1.

Figura 4.1 – Hierarquia do planejamento

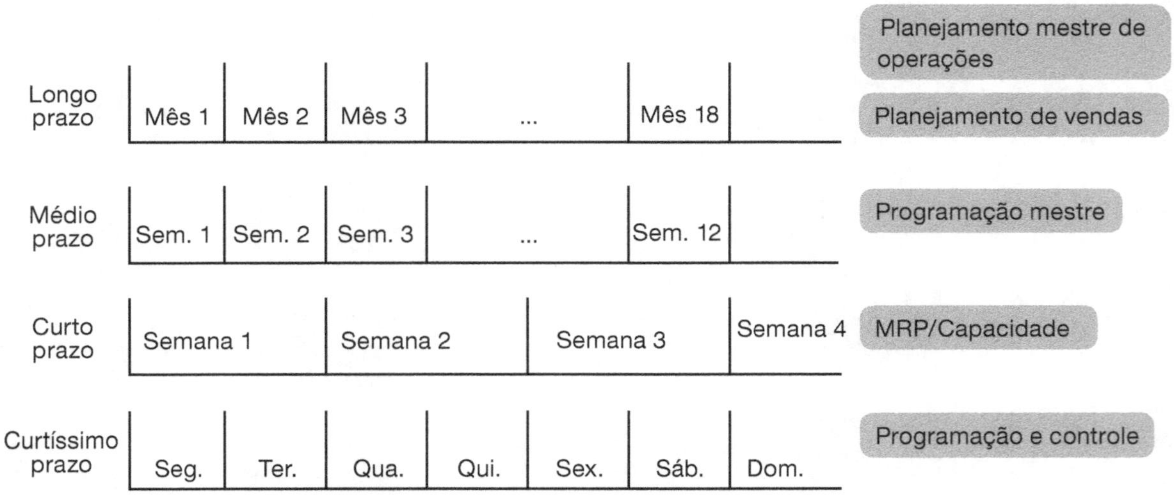

Horizonte	Divisão temporal	Nível
Longo prazo	Mês 1 / Mês 2 / Mês 3 / ... / Mês 18	Planejamento mestre de operações / Planejamento de vendas
Médio prazo	Sem. 1 / Sem. 2 / Sem. 3 / ... / Sem. 12	Programação mestre
Curto prazo	Semana 1 / Semana 2 / Semana 3 / Semana 4	MRP/Capacidade
Curtíssimo prazo	Seg. / Ter. / Qua. / Qui. / Sex. / Sáb. / Dom.	Programação e controle

Fonte: Adaptado de Corrêa; Corrêa, 2009.

O plano agregado de vendas está no longo prazo, pois contempla o planejamento estratégico de toda a empresa. Ele é responsável por alinhar os objetivos estratégicos da organização com a demanda prevista e com os recursos disponíveis.

Se uma das estratégias da empresa for, por exemplo, aumentar a fatia de mercado, provavelmente a demanda será diferente da prevista, ou haverá inserção de novos produtos no mercado, ou simplesmente será realizada alguma ação de *marketing* para promover a marca, a fim de que seja possível aumentar as vendas. Essa decisão tem grande influência no plano agregado de produção, pois estamos falando de vendas, isto é, exatamente da informação que compõe esse plano. A palavra *agregado* compõe o nome do planejamento justamente porque no nível estratégico, ainda no longo prazo, trabalhamos com as informações agregadas, ou seja, falamos em famílias de produtos, toneladas de produção, e não exatamente em quanto se pretende vender de cada produto.

Por exemplo, no plano agregado de uma empresa aérea haveria a informação do montante de pessoas que a empresa deve transportar ao longo do ano, podendo ser feita uma divisão mensal prévia apenas da quantidade de pessoas, mas sem incluir os trajetos, pois ainda estamos no longo prazo. No plano mestre de produção, derivado do plano agregado de produção, as informações seriam mais detalhadas. No caso da empresa aérea, o plano mestre de produção traria a informação da quantidade de pessoas que voam de São Paulo para Curitiba por mês, quantas vão do Rio de Janeiro para São Paulo, de São Paulo para Manaus, de Manaus para o Rio de Janeiro e assim por diante, chegando no máximo a três ou seis meses; por sua vez, no plano de longo prazo, trabalharíamos com anos.

E por que o plano de médio prazo atinge apenas seis meses no máximo? Porque ele deve ser dinâmico. Conforme as vendas forem acontecendo, o plano de vendas deve ser alimentado e recalculado para otimizar a utilização dos recursos disponíveis com vistas a atingir o plano estratégico da empresa.

O planejamento de capacidade também está nos três níveis de tempo (longo, médio e curto prazo). Aqui as decisões são tomadas de acordo com o tempo disponível para realizar mudanças, executar e fazer planejamento. Com as informações contidas no plano mestre de produção, é possível fazer a explosão dos materiais, ou seja, o planejamento da necessidade de materiais (MRP) e o planejamento de capacidade em curto prazo, que trabalha com os dados de alocação de recursos, equipamentos, máquinas e mão de obra disponível, alinhando-os com o levantamento de materiais previsto pelo MRP. Nesse momento, já trabalhamos com as informações semanais, ou seja, com a quantidade de pessoas que vão de São Paulo para Curitiba por semana, que vão do Rio de Janeiro para São Paulo e assim por diante.

Ainda conforme a Figura 4.1, no curto prazo, as informações advindas do plano agregado de produção são trabalhadas diariamente. Aquela demanda anual de passageiros da empresa aérea seria transformada em quantidade de passageiros que voam de São Paulo para Curitiba, por exemplo, na segunda-feira, na terça-feira, na quarta-feira e assim por diante. Essa informação seria trabalhada também na programação da produção, quando se alocam os passageiros nos diversos voos que fazem a mesma rota num mesmo dia. Nesse momento, trabalhamos as informações com grande nível de detalhamento.

Para Fernandes e Godinho Filho (2010), o planejamento agregado envolve diversos custos, entre eles:

- de produção;
- de estoque;
- de falta;
- admissional;
- demissional;
- de hora extra;
- de atraso;
- de subcontratação.

Trabalhando todos esses custos, juntamente com a capacidade produtiva disponível, com os recursos que a empresa possui em termos de mão de obra e capital, com a estratégia delineada pela empresa e com a previsão de vendas, o plano agregado deve estabelecer um plano de produção para cada família de produto, no intuito de utilizar ao máximo os recursos, minimizar os custos e promover a satisfação do consumidor, ou seja, é o elo entre estratégia, produção e cliente.

4.1.1 Como fazer um plano de vendas e operações?

O planejamento de vendas e operações é composto por diversas etapas e informações. A primeira etapa é buscar o planejamento estratégico, o qual normalmente é escrito em termos monetários e que precisa ser transcrito em um plano de vendas, juntamente com a previsão de demanda, que é calculada com os dados históricos de vendas, aos quais se deve aplicar as técnicas adequadas de previsão.

Além dessas informações, é extremamente importante que haja o envolvimento das diversas áreas da empresa para o efetivo desenvolvimento de um plano coeso e estratégico. A análise da situação atual da empresa é primordial para estabelecer metas e parâmetros para os meios de controle desse planejamento em formação.

Cada área da empresa deve agregar ao plano seus objetivos individuais derivados do planejamento estratégico da empresa para, em conjunto, formar um plano de vendas que não prejudique nenhuma área e promova a empresa como um todo. Para isso, é necessário organizar uma reunião prévia na qual compareça pelo menos um representante de cada área. Após o plano de vendas preliminar, desenvolvido em conjunto com as áreas e derivado do planejamento estratégico, é necessário revisá-lo para então realizar uma reunião executiva com a participação da gerência da empresa.

Devemos ressaltar que o plano de vendas só tem êxito quando há responsabilidade e comprometimento de todas as áreas envolvidas. É preciso também que ele obedeça a uma periodicidade, que pode ser variável de empresa para empresa, mas deve ser contínua. O processo de planejamento de vendas pode ser visualizado na Figura 4.2.

Figura 4.2 – Processo do planejamento de vendas

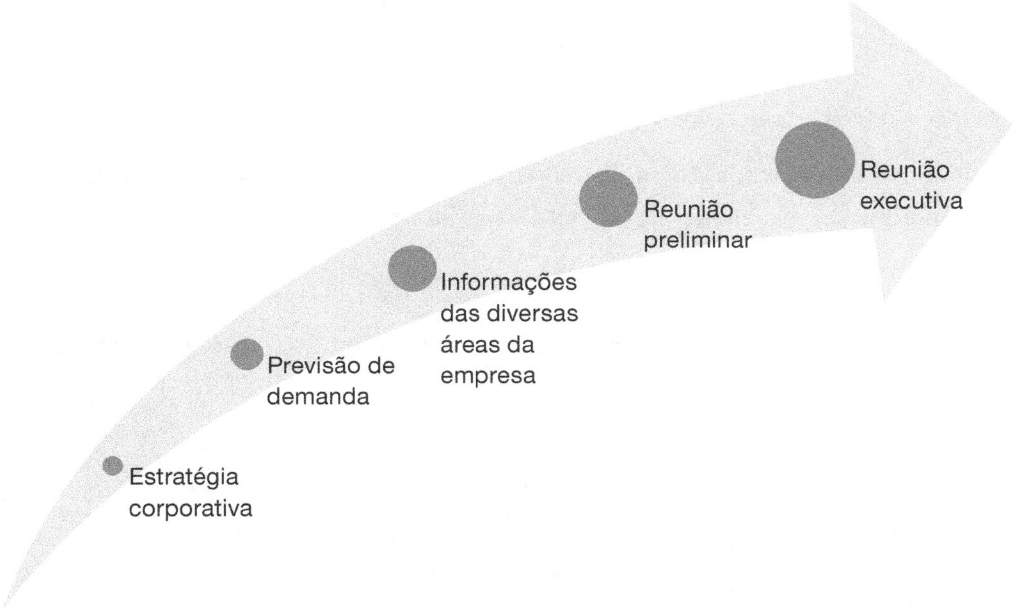

Fonte: Adaptado de Corrêa e Corrêa, 2009.

4.1.2 Plano de produção

O plano de vendas deve gerar um plano agregado de produção, que pode partir de algumas estratégias de atuação, tendo em vista o contexto em que está inserido, a capacidade da empresa e o comportamento da demanda. Essas possíveis estratégias estão destacadas na Figura 4.3.

Figura 4.3 – Estratégias para o desenvolvimento do plano de produção

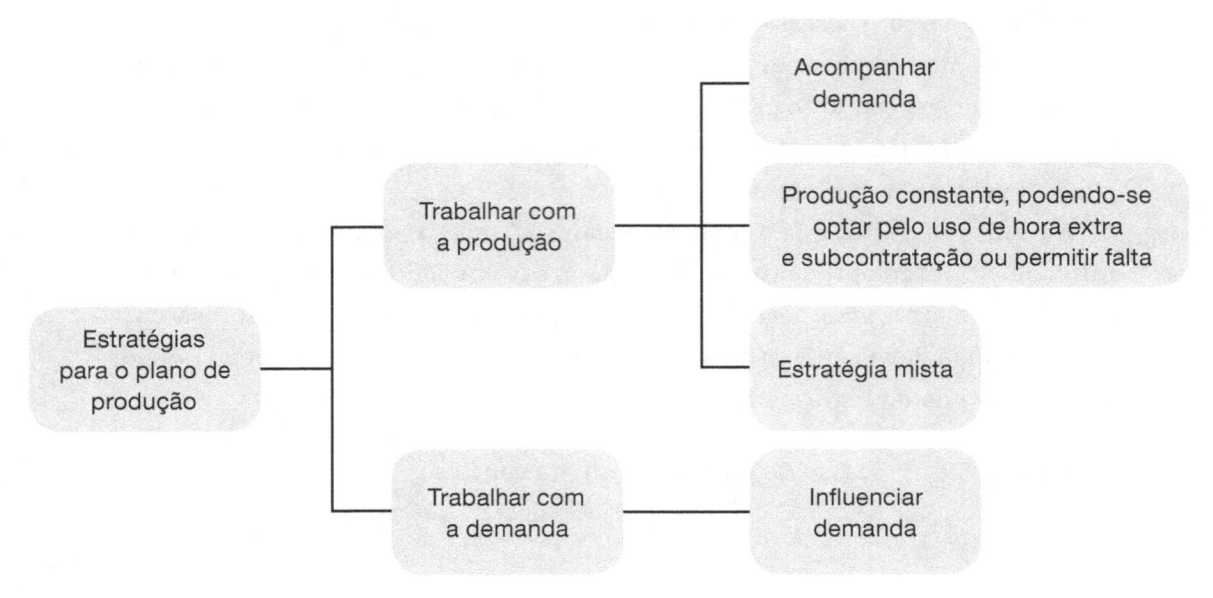

- Estratégias para o plano de produção
  - Trabalhar com a produção
    - Acompanhar demanda
    - Produção constante, podendo-se optar pelo uso de hora extra e subcontratação ou permitir falta
    - Estratégia mista
  - Trabalhar com a demanda
    - Influenciar demanda

Fonte: Adaptado de Fernandes; Godinho Filho, 2010.

Vamos abordar cada estratégia separadamente, utilizando o mesmo exemplo para melhor compreensão do impacto de cada uma delas.

Exemplo 1

Vamos considerar os dados da Tabela 4.1 para o desenvolvimento do plano agregado de produção.

Tabela 4.1 – Dados para o plano agregado de produção

Produção	2 unidades/trabalhador/dia
Custo de contratação	R$ 900,00/trabalhador
Salários e benefícios	R$ 60,00/trabalhador/dia
Custo de demissão	R$ 1.200,00/trabalhador
Número de trabalhadores	5
Custo de hora extra	R$ 8,00/unidade
Custo de subcontratação	R$ 20,00/unidade
Custo de armazenagem	R$ 4,00/unidade
Custo de atraso	R$ 25,00/unidade
Estoque inicial	0
Turno de trabalho	8 horas/dia e 20 dias/mês

Acompanhar demanda

Desenvolve-se de um plano de produção que segue a demanda, ou seja, produz-se a quantidade que se vende. Essa escolha implica alguns custos, como de admissão e demissão, de acordo com o modo como a demanda se apresenta. No entanto, nesse caso, não se trabalha com a formação de estoques, pois a produção é igual à demanda. Além dos custos com funcionários, a empresa também pode fazer uso de hora extra e terceirização para ampliar a capacidade de modo a atender à demanda. O grande problema é a queda de demanda, a qual implica realocação ou demissão de funcionários, embora a empresa também possa investir em P&D (pesquisa e desenvolvimento) com o intuito de redirecionar os colaboradores na execução de outros produtos. Esse comportamento pode ser visualizado na Tabela 4.2 e no Gráfico 4.1.

Tabela 4.2 – Estratégia de acompanhamento de demanda

Período	1	2	3	4	Total
Demanda	2.100	1.900	1.890	550	6.440
Produção normal	2.100	1.900	1.890	550	6.440
Hora extra	0	0	0	0	0
Subcontratação	0	0	0	0	0
Atraso	0	0	0	0	0
Estoques	0	0	0	0	0
Custo de mão de obra	R$ 8.400	R$ 9.600	R$ 8.400	R$ 2.400	R$ 28.800
Custo de estoque	0	0	0	0	0
Custo de atraso	0	0	0	0	0
Custo demissional	0	0	0	R$ 3.600	R$ 3.600
Custo admissional	R$ 1.800	R$ 2.700	R$ 1.800	0	R$ 6.300
Custo com hora extra	0	0	0	0	0
Custo com subcontratação	0	0	0	0	0
Número de trabalhadores	7	8	7	2	–
Custo total	–	–	–	–	R$ 38.700

Pela Tabela 4.2, podemos observar que os custos estão basicamente em torno da mão de obra. Nesse caso, optamos por não trabalhar com hora e subcontratação, mas com demissões e admissões para igualar a demanda e a oferta. No custo de contratação, temos de considerar o tempo de treinamento até que o funcionário esteja capacitado para exercer plenamente suas funções. Para o cálculo da quantidade de funcionários, é necessário usarmos a seguinte equação:

$$\text{N. de funcionários} = \frac{\text{demanda mensal}}{\text{capacidade de mão de obra} \times \text{horas de trabalho no mês}}$$

Gráfico 4.1 – Estratégia de acompanhamento de demanda

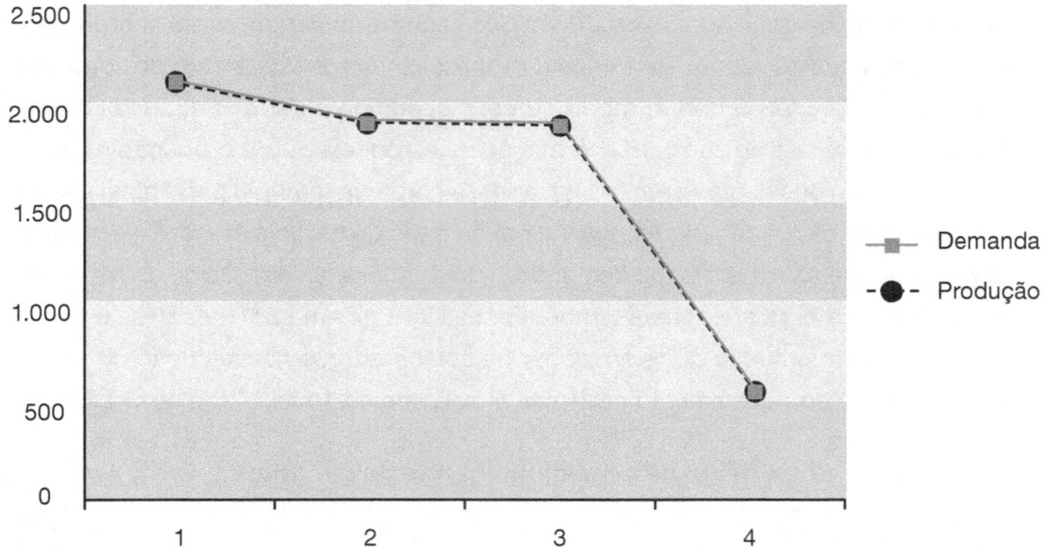

Como podemos observar no gráfico, as linhas de demanda e produção coincidem – esta é justamente a estratégia. Se tivéssemos uma linha de estoque embaixo, ela estaria no eixo zero, conforme apresentado na Tabela 4.2

Produção constante

É uma estratégia que trabalha com a capacidade produtiva, ou seja, produz-se constantemente, ainda que haja alteração na demanda. Esse comportamento da taxa de produção pode provocar a formação de estoques, o que, por um lado, implica custos com armazenagem; por outro, é possível utilizar esses estoques quando a demanda se elevar, evitando atrasos ou falta de produtos. No entanto, ainda assim, o estoque pode não ser suficiente – trata-se de um risco que a empresa deve estar disposta a correr.

Tabela 4.3 – Estratégia de produção constante

Período	1	2	3	4	Total
Demanda	2.100	1.900	1.890	550	6.440
Produção normal	1.600	1.600	1.600	1.600	6.400
Hora extra	0	0	0	0	0
Subcontratação	0	0	0	0	0
Atraso	500	300	290	0	0
Estoques	500	800	1090	40	0
Custo de mão de obra	R$ 6.000	R$ 6.000	R$ 6.000	R$ 6.000	R$ 24.000
Custo de estoque	0	0	0	0	0
Custo de atraso	R$ 12.500	R$ 7.500	R$ 7.250	0	R$ 27.250

(continua)

(Tabela 4.3 – conclusão)

Período	1	2	3	4	Total
Custo demissional	0	0	0	0	0
Custo admissional	0	0	0	0	0
Custo com hora extra	0	0	0	0	0
Custo com subcontratação	0	0	0	0	0
Número de trabalhadores	5	5	5	5	–
Custo total	–	–	–	–	R$ 51.250

É interessante observar na Tabela 4.3 que a produção no total foi superior à taxa de demanda; entretanto, como foi mantida constante, a linha de estoque nos mostra que muitos produtos foram entregues com atraso, o que também implica custos. Nesse caso, a elevação do custo do plano se deve aos atrasos, os quais normalmente não são baratos, pois implicam multas e rompimento de contrato, enfraquecimento da imagem da empresa, desistência de compra, entre outras adversidades.

O custo de estoque geralmente é calculado sobre o estoque médio, a partir de média móvel simples. Por que utilizar a média? Porque o estoque gira ao longo do mês, ou seja, dificilmente apresenta a mesma quantidade o mês todo. Acontece que, diariamente, o setor de armazenagem recebe produtos e também expede; por isso, utiliza-se comumente a média para o cálculo do custo de estoque.

Gráfico 4.2 – Estratégia de produção constante

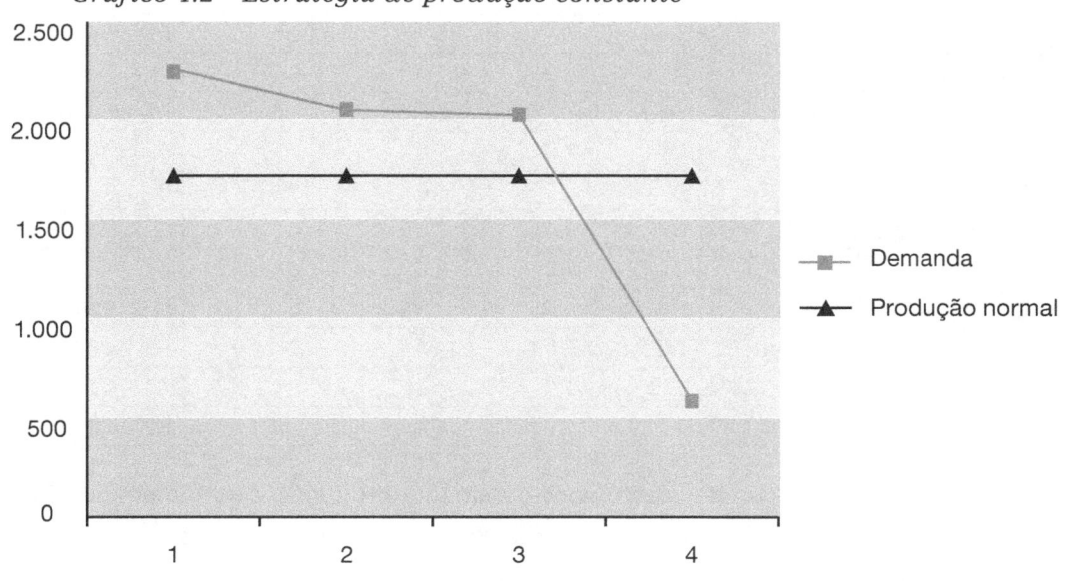

Ao analisarmos o Gráfico 4.2, podemos perceber que no segundo período a demanda foi maior que a produção, ocasionando atraso de entrega. A partir do terceiro período, ocorre uma queda na demanda, ainda que ela não seja maior que o atraso provocado no período anterior, de tal forma que existe atraso e estoque negativo. Já no quarto período, a demanda tem uma queda ainda maior, provocando formação de estoque e entrega de produtos atrasados. Embora no total se tenha produzido mais do que foi vendido, ao longo dos períodos ocorreram alguns fatos que provocaram aumento nos custos e, principalmente, insatisfação no consumidor. Nesse caso, optamos por trabalhar com a falta. Existe, porém, a possibilidade de evitar a falta por meio do uso de hora extra e subcontratação.

Estratégia mista

Utiliza as duas ideias anteriores em conjunto, buscando vantagem em custo e competição. Pode-se optar por manter a produção constante – no entanto, próxima à demanda – e absorver as pequenas variações com hora extra. Outra possibilidade é trabalhar com demissões e admissões de acordo com o comportamento da demanda; nesse caso, porém, quando se opta pela estratégia mista, provavelmente é mais viável escolher uma estratégia de minimização de custos.

Tabela 4.4 – Estratégia mista

Período	1	2	3	4	Total
Demanda	2.100	1.900	1.890	550	6.440
Produção normal	1.600	1.600	1.600	900	6.400
Hora extra	400	300	290	0	0
Subcontratação	100	0	0	0	0
Atraso				0	0
Estoques	0	0	0	350	175
Custo de mão de obra	R$ 6.000	R$ 6.000	R$ 6.000	R$ 6.000	R$ 24.000
Custo de estoque	0	0	0	700	700
Custo de atraso	0	0	0	0	0
Custo demissional	0	0	0	0	0
Custo admissional	0	0	0	0	0
Custo com hora extra	R$ 3.200	R$ 2.400	R$ 2.320	0	R$ 7.920
Custo com subcontratação	R$ 2.000	0	0	0	R$ 2.000
Número de trabalhadores	5	5	5	5	–
Custo total	–	–	–	–	R$ 34.620

Nessa terceira opção de plano, consideramos a produção constante nos três primeiros meses e provocamos redução no último, mas não igualamos a demanda, para que haja formação de estoque em vez de trabalharmos com hora extra, o que é mais caro. Para atender à demanda sem atraso nos primeiros meses, optamos pelo uso de horas extras e subcontratações.

Gráfico 4.3 – Estratégia mista

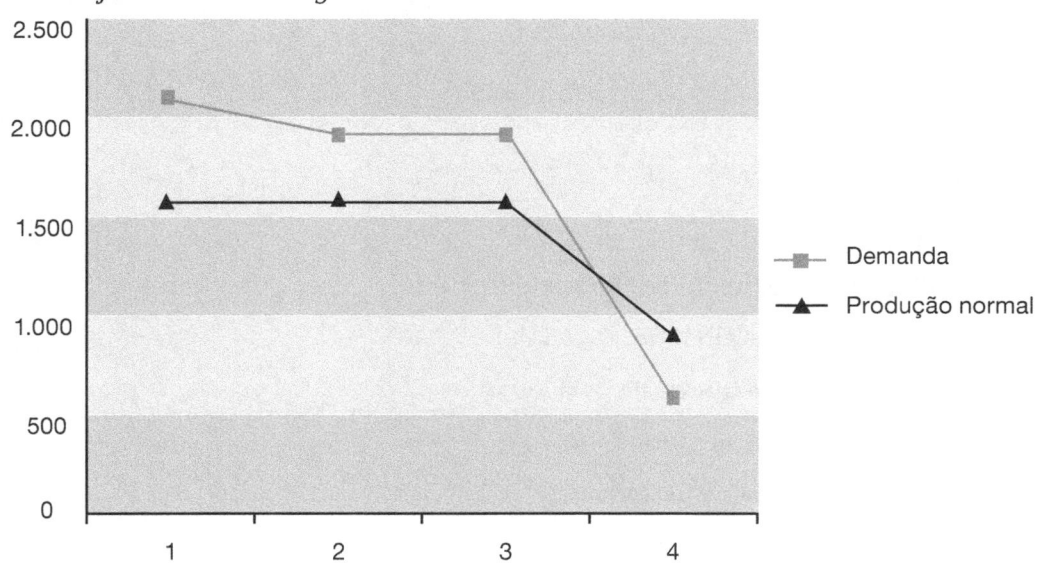

Fazendo um comparativo entre as três diferentes estratégias, podemos observar que a estratégia de menor custo foi a mista e a de maior custo foi a segunda, em que se trabalhou com os atrasos.

Tabela 4.5 – Comparativos entre os custos das diferentes estratégias

Estratégia	Custo do plano
Acompanhar demanda	R$ 38.700,00
Produção constante com atraso	R$ 51.250,00
Estratégia mista	R$ 34.620,00

Evidentemente, é preciso considerar que essa não é uma situação real. O que devemos retirar desse exemplo é que o plano agregado de produção trabalha no horizonte de meses, com a capacidade de produção e os custos envolvidos na produção, a fim de dimensionar a melhor forma de atender à demanda.

Influenciar demanda

Trabalha-se com uma estratégia proativa, influenciando o comportamento da demanda para que ela aconteça de acordo com o que a empresa pode oferecer. Ou seja, em períodos de baixa demanda e capacidade ociosa, a empresa provocará na demanda a necessidade de consumir, reduzindo os custos de ociosidade. Isso pode ser provocado por meio de ações de *marketing* e publicidade. De maneira contrária, em picos de demanda e falta de capacidade, a empresa pode tirar o foco de um determinado produto e exaltar outro, enfraquecendo a demanda e possibilitando seu atendimento.

Martins e Laugeni (2005) propõem a utilização de algumas relações para o cálculo da quantidade a ser produzida:

$$EI_{n+1} = EF_n$$

$$EI_n + P_n - D_n = EF_n$$

Em que:

- EI_{n+1} é o estoque inicial do período $n + 1$;
- EF_n é o estoque final no período n;
- EI_n é o estoque inicial no período n;
- P_n é o produção no período n;
- D_n é a demanda no período n.

Exemplo 2

Imaginemos que uma empresa apresenta a seguinte demanda de um determinado produto, distribuída em trimestres, com estoque inicial de 50 unidades, e deseja finalizar o plano com 80 unidades em estoque:

Tabela 4.6 – Plano de produção I

Demanda/período	Trim. 1	Trim. 2	Trim. 3	Trim. 4
Demanda (D)	530	650	490	510
Produção (P)				
Estoque inicial (EI)				
Estoque final (EF)				

$EI_n + P_n - D_n = EF_n$

$50 + P_4 - (2.180) = 80$

$P_4 = (2.180) + (80) - (50) = 2.210$

$P_4 = \dfrac{2.210}{4} = 552,5$

Preenchendo a planilha de plano agregado com o valor de produção calculado, temos a Tabela 4.7.

Tabela 4.7 – Plano de produção II

Demanda/período	Trim. 1	Trim. 2	Trim. 3	Trim. 4
Demanda (D)	530	650	490	510
Produção (P)	553	553	553	553
Estoque inicial (EI)	50	73	–24	39
Estoque final (EF)	73	–24	39	82

Podemos observar que no segundo período finalizamos com estoque negativo, o que, por consequência, representa o início do terceiro trimestre, em que já regularizamos a quantidade de estoque. No último período, terminamos o plano com 82 unidades, e não 80, como previsto nos cálculos por conta do arredondamento dos dados, pois não podemos produzir 552,5 unidades.

Para que não tenhamos estoque negativo, o que significaria atraso de entrega, podemos recalcular o plano da seguinte maneira:

- O atraso obtido no segundo período foi de 24 unidades, ou seja, se dividirmos esse atraso entre os dois períodos, obteremos a quantidade de 12 unidades, exatamente o valor que, somado ao valor da produção atual (553), eliminará o atraso. Ou seja, 553 + 12 = 565 unidades.

Tabela 4.8 – Plano de produção III

Demanda/período	Trim. 1	Trim. 2	Trim. 3	Trim. 4
Demanda (D)	530	650	490	510
Produção (P)	565	565	565	565
Estoque inicial (EI)	50	85	0	75
Estoque final (EF)	85	0	75	130

Após o desenvolvimento do plano de vendas, podemos desenvolver o plano mestre de produção, que recebe essas informações e as desagrega, ou seja, ele utiliza as informações das famílias de produtos e as transforma em um plano de produção de demanda independente, ou produtos finais, buscando alinhar o comportamento da demanda, a disponibilidade dos recursos da empresa e todos os custos envolvidos.

Figura 4.4 – Composição do plano mestre de produção

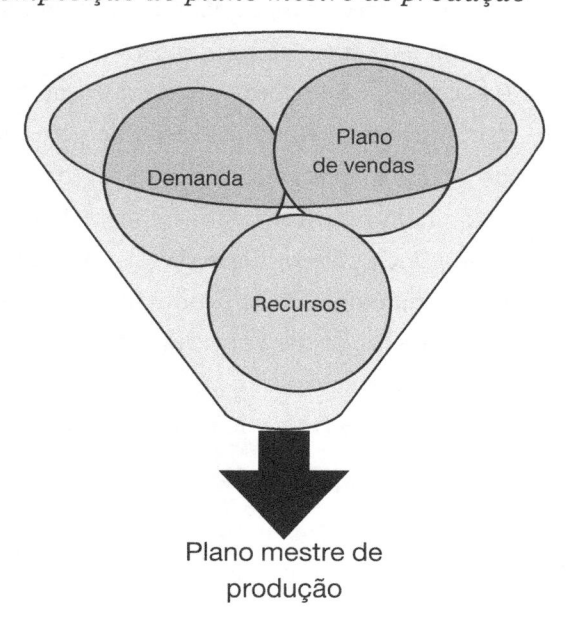

4.2 Planejamento mestre de produção

O plano mestre de produção é um planejamento de longo prazo que transforma a estratégia corporativa em toneladas/quantidade de produtos, ou seja, são reunidas as informações e as estratégias, a previsão de demanda, o plano de vendas (com enfoque estratégico) e os recursos necessários para o cumprimento do plano de produção para, assim, gerar o planejamento mestre de produção.

A principal informação que irá alimentar o cálculo das necessidades de materiais (MRP) é o plano mestre de produção, o qual se refere a um plano de produção estabelecido em horizonte de médio prazo para as demandas independentes. Evidentemente, esse plano pode ser modificado ao longo do tempo e em um curto período, pois o planejamento deve ser dinâmico, alimentado periodicamente com as informações atuais e recalculado para que a empresa não trabalhe em prejuízo e também para que consiga proporcionar satisfação ao seu cliente final.

O plano mestre de produção é uma derivação do plano agregado de produção; deve ser detalhado para a demanda independente, e não mais para as famílias de produtos.

4.2.1 Importância do plano mestre de produção

Primeiramente, vamos analisar a hierarquia do planejamento de produção, que se inicia com a definição da estratégia organizacional, geralmente dada em termos monetários; a partir dessa definição, é possível desenvolver cada estratégia funcional: *marketing*, finanças, recursos humanos e produção.

Especificamente na estratégia de produção, temos a participação das atividades de *marketing*, com a informação da previsão de demanda e com o desenvolvimento do plano de vendas, que requer a participação de todos os setores, cada um contribuindo com as informações específicas de cada área. Por exemplo, para uma estratégia de diversidade de produção, é necessário que a área de produção descreva sua capacidade produtiva, quais são seus gargalos e onde se pode aproveitar ociosidade de máquina. Diante disso, o setor de P&D deve buscar analisar em conjunto com a engenharia quais seriam os potenciais produtos para o aproveitamento de linha de produção. Além disso, as áreas de recursos humanos e finanças também precisam contribuir com a elaboração do plano de vendas.

Com base nas informações do plano de vendas, as quais advêm do planejamento estratégico corporativo, elaboramos o plano mestre de produção, o qual passa a considerar pontualmente a demanda de cada produto e busca estabelecer um planejamento de produção coerente, maximizando a utilização dos recursos na intenção de minimizar os custos produtivos e atender à demanda, promovendo a satisfação do consumidor.

Uma vez elaborado o plano mestre de produção, essa informação irá alimentar o MRP, que elabora o cálculo da necessidade de materiais em conjunto com a análise e a gestão dos estoques, podendo ou não optar por trabalhar com estoques de segurança.

Em seguida, partimos para a programação da produção, que envolve o sequenciamento e a liberação das ordens de produção que tiveram início no plano agregado de produção e que seguiram para o plano mestre de produção.

4.2.2 Parâmetros do plano mestre de produção

No plano mestre de produção, são utilizados alguns parâmetros não abordados até então, como os pedidos em carteira. Vejamos cada um deles.

a. **Previsão de demanda**: No PMP, consideramos com a demanda independente, ou seja, deixamos de trabalhar com a família de produtos e passamos a trabalhar com os produtos finais. Por exemplo, no plano agregado de vendas, consideraríamos a produção mensal de camisetas; já no PMP, trabalharíamos com a produção de camisetas P, M e G, nas diversas cores.

b. **Pedido em carteira**: É aquele em que venda já foi feita, mas o produto ainda não foi entregue. É o início do cumprimento da previsão de demanda calculada.

c. **Estoque de segurança**: A linha de estoque não deve servir apenas como base de cálculo; deve também ser projetada de forma estratégica, bem como englobar a política de estoque de segurança, a qual pode divergir de produto para produto. O tamanho do lote de produção e a política de estoque devem ser trabalhados a fim de minimizarmos os impactos causados pelo plano de produção, evitando atrasos e custos excessivos com produção e com estoque, o que nos leva a encontrar um ótimo valor para o lote de produção.

d. **Disponível para promessa**: É a linha que trabalha com os prazos prometidos e com as quantidades projetadas para os clientes para um determinado período.

e. **Linha do plano mestre de produção**: Trata-se da linha na qual se programam as ordens de produção, em análise conjunta com os pedidos em carteira, a demanda independente e o estoque projetado.

4.2.3 Dinâmica de funcionamento do plano mestre de produção

A planilha desenvolvida para um plano mestre de produção pode ser observada na Tabela 4.9. A equação geral do plano mestre de produção é:

$$PmP = \text{prev. de demanda} - \text{estoque disponível} + \text{estoque de segurança}$$

Tabela 4.9 – Registro do plano mestre de produção

Item	Jan.	Fev.	Mar.	Abr.
Previsão de demanda				
Pedidos em carteira				
Demanda total				
Estoque disponível				
Disponível para promessa				
Plano mestre de produção				

Exemplo 3

Vamos imaginar que uma empresa que produz sacolas retornáveis precisa desenvolver o seu plano mestre de produção para as próximas sete semanas. A demanda por sacolas está descrita na linha de demanda, a empresa não possui estoque atual, sua política de estoque de segurança é de 20 unidades e o lote mínimo de fabricação é de 300 unidades. O *lead time* de produção é de uma semana.

Tabela 4.10 – Registro do plano mestre de produção

Sacola branca	1	2	3	4	5	6	7
Previsão de demanda	120	140	150	180	180	110	100
Pedidos em carteira							
Demanda total							
Estoque disponível	180	40	190	310	130	20	200
Disponível para promessa							
Plano mestre de produção	300		300	300			300

Agora, vamos tentar entender o registro do exemplo anterior.

Para a primeira semana, foi necessário programar a produção do lote mínimo, pois não havia estoque. Descontando-se a previsão de demanda do que foi produzido, restaram 180 sacolas, as quais servirão para a demanda da segunda semana, para a qual se projeta um estoque de 40 unidades. Para a terceira semana, é necessário ativar novamente a produção com o lote mínimo, pois não há estoque suficiente para cobrir a demanda. Diminuindo-se a previsão de demanda da terceira semana do plano mestre de produção e somando-a ao estoque da semana anterior, o estoque projetado para a terceira semana será de 190 unidades, o que também servirá para cobrir a quarta semana. No entanto, a política da empresa é manter um estoque de segurança de 20 unidades. Se não fosse programada nenhuma ordem, na quarta semana o estoque seria de apenas 10 unidades. Logo, foi necessário preencher a linha do plano mestre com 300 unidades na quarta semana. Na quinta semana, o estoque projetado será de 130 unidades, as quais serão suficientes para a demanda do sexto período, não sendo necessária a programação de ordens de produção. No sexto período, o estoque projetado será de 20 unidades, o mínimo, mas não o suficiente para a demanda da sétima semana; logo, é preciso programar o lote mínimo para o último período.

■ Síntese

O plano agregado de produção, de maneira simples e objetiva, trata do planejamento das vendas de longo prazo, no qual as informações ainda estão agregadas, ou seja, estamos lidando com famílias de produtos. Para isso, é necessário conhecer o planejamento estratégico da empresa, a gestão de demanda e o estudo da capacidade. O planejamento mestre alimenta o plano de produção, o qual, por sua vez, alimenta a programação da produção, quando se trabalha com unidades de produtos, e não mais famílias. Para obtermos uma programação de produção coerente, ou seja, sem a criação de estoque desnecessário e de modo a não faltar produto ao cliente, fazemos o cálculo da necessidade de materiais. A síntese gráfica do Capítulo 4 pode ser visualizada na Figura 4.5.

Figura 4.5 – Síntese dos assuntos tratados no capítulo

- Estratégia corporativa
- Plano de vendas com envolvimento das diversas áreas funcionais
- Plano mestre de produção
- Cálculo da necessidade de materiais
- Programação da produção

■ Questões para revisão

1. A tabela a seguir representa a demanda projetada para um plano de produção de cinco produtos de uma mesma família. Sabendo que o estoque inicial (EI) é de 150 unidades e que o estoque final (EF) desejado é de 50 unidades ou o mínimo possível, faça o plano de produção de tal forma que a produção seja constante até o final do mês de agosto, quando o estoque deverá ser zero (ou o mínimo possível) e quando deverá haver uma mudança de produção. A produção de setembro a dezembro também deverá ser constante e não serão aceitos atrasos. Calcule o custo total do plano de produção utilizando o estoque médio.

	Jan.	Fev.	Mar.	Abr.	Maio	Jun.	Jul.	Ago.	Set.	Out.	Nov.	Dez.
D	750	650	640	590	540	450	420	530	600	790	860	956
P												
EI												
EF												

Custo de estoque: R$ 2,00/unidade
Custo de produção: R$ 9,00/unidade

2. Utilizando os dados a seguir, desenvolva pelo menos três diferentes estratégias para o planejamento agregado da produção e compare os custos, elegendo o melhor entre eles.

Período	Trim. 1	Trim. 2	Trim. 3	Trim. 4
Demanda	3.200	2.500	2.900	4.100
Dias	80	75	81	63
Produção: 5 unidades/trabalhador/dia				
Custo de contratação: R$ 700,00/trabalhador				
Salários e benefícios: R$ 60,00/trabalhador/dia				
Custo de demissão: R$ 1.000,00/trabalhador				
Número de trabalhadores: 4				
Custo de hora extra: R$ 8,00/unidade				
Custo de subcontratação: R$ 20,00/unidade				
Custo de armazenagem: R$ 4,00/unidade				
Custo de atraso: R$ 25,00/unidade				
Estoque inicial: 0				
Turno de trabalho: 8 horas/dia				

3. Complete o quadro do plano mestre de produção para o produto apresentado na tabela a seguir. Considere o uso de lote econômico na quantidade de 80 unidades e estoque de segurança de 10 unidades.

Meses	Janeiro				Fevereiro			
Semanas	1	2	3	4	1	2	3	4
Demanda prevista	50	0	40	0	0	5	30	5
Demanda confirmada	45							
Estoque inicial	10							
Recebimentos programados								
Estoque projetado								
Plano mestre de produção								

4. Complete o quadro do plano mestre de produção para o produto apresentado na tabela a seguir. Considere o uso de lote econômico na quantidade de 200 unidades e estoque de segurança de 20 unidades.

Meses	Março				Abril			
Semanas	1	2	3	4	1	2	3	4
Demanda prevista	90	230	350	420	80	190	340	400
Demanda confirmada	95	180	200					
Estoque inicial	30							
Recebimentos programados								
Estoque projetado								
Plano mestre de produção								

■ Questões para reflexão

1. Faça a integração entre o plano mestre de produção e todas as áreas de uma empresa por meio de uma ilustração e discuta a relação de cada área com o plano mestre de produção.

2. Discuta o desenvolvimento do plano agregado e do plano mestre nos diferentes ambientes produtivos.

■ Para saber mais

Para aprofundar seus estudos nos assuntos deste capítulo, sugerimos a leitura dos textos a seguir.

MINTZBERG, H. **Ascensão e queda do planejamento estratégico**. Porto Alegre: Bookman, 2004.

JUNQUEIRA, R. A. R.; MORABITO, R. Um modelo de otimização linear para o planejamento agregado de produção e logística de sementes de milho. **Produção**, v. 16, n. 3, p. 510-525, set./dez. 2006. Disponível em: <http://www.scielo.br/scielo.php?script=sciarttext&pid=50103-65132006000300012>. Acesso em: 15 mar. 2015.

5 Programação e controle da produção

Conteúdos do capítulo:
- *Técnicas de sequenciamento de ordens.*
- *Lote mínimo de fabricação.*
- *Controle de operações.*

Após o estudo deste capítulo, você será capaz de:
1. entender a dinâmica da programação e o controle das operações;
2. selecionar a técnica de sequenciamento que minimize o tempo de operação, de máquina ociosa e de fila;
3. definir a quantidade ótima para a fabricação de materiais.

A programação da produção basicamente trata de técnicas de sequenciamento de operações que direcionarão o gestor (ou supervisor) de PCP (programação e controle da produção) durante a elaboração da programação diária da produção. A escolha da técnica mais adequada ocorre em torno de três indicadores-chave: o tempo total da operação, o tempo de máquina ociosa e o tempo de fila que a sequência provoca. Ainda neste capítulo, trataremos do cálculo do lote mínimo de fabricação e de métodos para controle das operações programadas.

5.1 Conceito

A programação da produção segue o mesmo princípio e raciocínio do plano mestre de produção, mas com uma mudança no horizonte de tempo: no plano mestre de produção, trabalhamos com semanas e meses; na programação, trabalhamos com dias, ou seja, com a programação diária da produção.

A programação aloca no tempo os recursos disponíveis para a produção em busca de atender à demanda. Para essa alocação, podemos usar algumas técnicas, como programação matemática e sequenciamento de ordens.

Figura 5.1 – Planejamento e controle das operações

Fonte: Slack et al., 2009, p. 291.

O controle das operações consiste em criar mecanismos e parâmetros pelos quais é possível conhecer a situação atual das operações, bem como o desempenho e os problemas obtidos nas operações passadas. Dessa forma, o controle das operações é um meio de monitoramento que serve de base para planos de melhoria e de correção.

5.2 Sequenciamento de ordens

O sequenciamento de ordens está inteiramente relacionado com o aproveitamento e o planejamento de capacidade, pois influencia diretamente o tempo de *setup* e o tempo total demandado pela produção, além de ser possível definir com ele as prioridades das operações.

Para definir uma sequência de operações, é preciso conhecer o tempo total de processo de uma ordem, a data prometida para a entrega, a data de entrada da ordem na fábrica e a data de entrada da ordem na unidade produtiva.

Algumas das regras de sequenciamento estão dispostas no Quadro 5.1. No entanto, qualquer empresa pode livremente definir qual seria a melhor sequência em seu ambiente produtivo com vistas à maximização do uso das linhas de produção. Isso é possível evitando-se máquinas ociosas e buscando-se minimizar o número de *setups*, bem como seu tempo de duração.

Quadro 5.1 – Regras para sequenciamento de ordens

Regras de sequenciamento	
Peps (Fifo)	Primeiro que entra é o primeiro que sai
FSFO	Primeira tarefa que chega à unidade produtiva é a primeira a ser atendida
MTP (SOT)	A tarefa de menor tempo de processamento é a primeira a ser atendida
MDE	Menor data de entrega
IPI	Índice de prioridade
ICR	Menor valor de índice crítico (data de entrega/data atual/tempo de processamento)
IFO (SS)	Menor índice de folga (tempo até a data prometida – tempo de operação restante)
IFA	Menor índice de falta (estoque de produto/demanda)
LCFS	Último a entrar, primeiro a ser atendido

Fonte: Elaborado com base em Martins Laugeni, 2005, p. 438; Corrêa; Corrêa, 2009, p. 581.

Exemplo 1

Uma unidade produtiva tem cinco operações para executar (A, B, C, D, E). Imaginando que todas as ordens deram entrada no dia zero, na sequência de A para E, defina qual seria o melhor dentre os sequenciamentos do tipo Fifo, MDE e ICR. Considere as informações da Tabela 5.1. Além disso, para a regra Fifo, temos a Tabela 5.2; para a regra MDE, a Tabela 5.3; e para a regra ICR, a Tabela 5.4.

Tabela 5.1 – Dados do Exemplo 1

Operação	Tempo de operação (dias)	Data prometida para entrega (dias)
A	8	22
B	2	10
C	4	15
D	3	13
E	5	12

Tabela 5.2 – Cálculo do sequenciamento para a regra Fifo

Operação	Tempo de operação (dias)	Data prometida para entrega (dias)	Início da operação	Tempo de operação	Final da operação	Atraso
A	8	22	0	8	8	0
B	2	10	8	2	10	0
C	4	15	10	4	14	0
D	3	13	14	3	17	4
E	5	12	17	5	22	10

Tabela 5.3 – Cálculo do sequenciamento para a regra MDE

Operação	Tempo de operação (dias)	Data prometida para entrega (dias)	Início da operação	Tempo de operação	Final da operação	Atraso
D	3	13	0	3	3	0
B	2	10	3	2	5	0
E	5	12	5	5	10	0
C	4	15	10	4	14	0
A	8	22	14	8	22	0

Tabela 5.4 – Cálculo do sequenciamento para a regra ICR

Operação	Tempo de operação (dias)	Data prometida para entrega (dias)	ICR	Início da operação	Tempo de operação	Final da operação	Atraso
E	5	12	2,40	0	5	5	0
A	8	22	2,75	5	8	13	0
C	4	15	3,75	13	4	17	2
D	3	13	4,33	17	3	20	7
B	2	10	5,00	20	2	22	12

Analisando os três sequenciamentos, podemos perceber que atingimos três resultados diferentes. Agora, devemos escolher a melhor sequência. Demonstramos, na Tabela 5.5, alguns dados que podem nos auxiliar na escolha da melhor sequência.

Tabela 5.5 – Análise parcial das regras de sequenciamento

Sequência	Lead time total	Atraso total	Atraso médio
Fifo	22	0 + 0 + 0 + 4 + 10 = 14	14/5 = 2,8
MDE	22	0 + 0 + 0 + 0 + 0 + 0 = 0	0
ICR	22	0 + 0 + 2 + 7 + 12 = 21	21/5 = 4,2

A melhor sequência é aquela que apresenta menor *lead time*, ou seja, a mais rápida, com menor atraso e maior aproveitamento de linha, de modo a evitar máquina ociosa. Nesse caso, coincidentemente, as três sequências apresentaram o mesmo *lead time*; no entanto, nem sempre isso acontece. Quando envolvemos mais de uma operação na mesma linha, é comum que haja máquina ociosa e diferentes valores de *lead time*. Em nosso exemplo, a melhor regra é a de menor data de entrega (MDE), pois não incorrerá em atraso nas ordens.

Vamos analisar o segundo exemplo, que envolve duas operações. Em função disso, o sequenciamento é mais complexo e essencial.

Exemplo 2

Numa empresa, quatro ordens de produção passam por duas operações: primeiro, pela operação A e, em seguida, pela B. Utilizando os dados da Tabela 5.6, determine qual é a melhor sequência para execução das ordens considerando MDE, MTP e IPI. Como dados, temos: o sequenciamento de ordens representado na Tabela 5.7; a sequência MDE, na Tabela 5.8; a sequência MTP, na Tabela 5.9; e por fim o IPI, na Tabela 5.10.

Tabela 5.6 – Dados de tempo de processamento e data de entrega (Exemplo 2)

Ordens	Operação A (horas)	Operação B (horas)	Promessa de entrega (horas)	Prioridade
OP1	2	8	13	2
OP2	3	3	10	4
OP3	5	6	20	1
OP4	4	1	15	3

Tabela 5.7 – Sequenciamento de ordens

Regras	Sequência
MDE	OP2-OP1-OP4-OP3
MTP	OP4-OP2-OP1-OP3
IPI	OP3-OP1-OP4-OP2

Tabela 5.8 – Sequência MDE

Ordens	Entra em A	Sai de A	Entra em B	Sai de B	Máquina ociosa	Tempo de fila	Atraso
OP2	0	3	3	6	0	0	0
OP1	3	5	6	14	0	1	1
OP4	5	9	14	15	0	5	0
OP3	9	14	15	21	0	1	1

Tabela 5.9 – Sequência MTP

Ordens	Entra em A	Sai de A	Entra em B	Sai de B	Máquina ociosa	Tempo de fila	Atraso
OP4	0	4	4	5	2	0	0
OP2	4	7	7	10	0	0	0
OP1	7	9	10	18	0	1	5
OP3	9	14	18	24	0	4	4

Tabela 5.10 – Sequência IPI

Ordens	Entra em A	Sai de A	Entra em B	Sai de B	Máquina ociosa	Tempo de fila	Atraso
OP3	0	5	5	11	0	0	0
OP1	5	7	11	19	0	4	6
OP4	7	11	19	20	0	8	5
OP2	11	14	20	23	0	6	13

Agora, precisamos analisar as três sequências e definir a melhor. Em relação ao *lead time* total, a sequência MDE apresentou menor tempo, com 21 horas de processamento. Já em relação aos atrasos, a sequência MDE também foi a que apresentou menor tempo de atraso, com apenas duas horas. Analisando o tempo de máquina ociosa, vemos que as sequências MDE e IPI não apresentaram máquina ociosa e que a sequência MTP apresentou duas horas de ociosidade. Com relação ao tempo de fila, a sequência que apresentou menor tempo foi a MTP, com apenas cinco horas. Nenhuma das três sequências foi perfeita, pois foram prejudicadas em algum aspecto. No entanto, a que menos sofreu esses impactos foi a MDE.

5.3 Lote mínimo de fabricação

O lote mínimo de fabricação é aquele que minimiza os custos produtivos ao longo do lote de produção, ou seja, é o tamanho mínimo de lote capaz de diluir as paradas com *setup* de máquina. Ainda, de acordo com Peinado e Graeml (2007, p. 473), o "lote mínimo de fabricação corresponde ao menor lote possível de ser produzido pela empresa de forma que o aumento do tempo dos *setups* não ultrapasse a capacidade disponível". O *setup* é o tempo necessário para o ajuste de máquina até que saia a primeira peça de acordo com o padrão estabelecido pela empresa.

O cálculo do lote mínimo pode ser feito a partir do número de ciclos (a quantidade de vezes que se faz um produto em determinado período) e da demanda do produto.

$$\text{Lote mínimo de fabricação} = \frac{D_i}{\text{Número de ciclos}}$$

$$\text{Número de ciclos} = \frac{\text{Capacidade disponível} - \text{capacidade efetiva}}{\Sigma \, setups}$$

Exemplo 3

Numa empresa de confecção que produz jogos de cama, as peças são produzidas numa mesma linha. Para fazer seu plano de produção, a empresa considera 20 dias por mês, trabalhando com um turno de 8 horas cada e um percentual aceitável de perda de 5%. Tendo em vista essas informações e com o aporte dos dados expressos na Tabela 5.11, calcule o lote mínimo de fabricação.

Tabela 5.11 – Dados do Exemplo 3

Produtos	Demanda mensal	Tempo padrão por peça	Tempo de *setup*
Lençol	500	2 minutos	45 minutos
Fronha	2.000	2,5 minutos	23 minutos
Cobre-leito	650	1,8 minutos	30 minutos

$$\text{Capacidade disponível} = \frac{20 \text{ dias}}{\text{mês}} \times \frac{8 \text{ horas}}{\text{dias}} \times 0,95 = 152 \text{ horas por semana.}$$

Carga mensal = (500 × 2) + (1.000 × 2,5) × (650 × 1,8) = 7.170 minutos = 119,5 horas

Tempo para realização de *setups* = 152 horas – 119,5 horas = 32,5 horas

$$\text{Número de ciclos} = \frac{\text{Capacidade disponível} - \text{capacidade efetiva}}{\Sigma\ setups} = \frac{32,5}{1,63} = 19,9$$

$$\text{Lote mínimo de fabricação de lençol} = \frac{D_i}{\text{Número de ciclos}} = \frac{1.000}{19,9} = 50,3$$

$$\text{Lote mínimo de fabricação de fronha} = \frac{D_i}{\text{Número de ciclos}} = \frac{2.000}{19,9} = 100,5$$

$$\text{Lote mínimo de fabricação de cobre-leito} = \frac{D_i}{\text{Número de ciclos}} = \frac{650}{19,9} = 32,7$$

5.4 Controle de operações

Todo planejamento deve ser acompanhado por variáveis de controle, pois por meio da quantificação de tais variáveis é possível mensurar o desempenho das operações. Geralmente, são utilizadas medidas de desempenho para avaliar as operações e o quanto estão sendo eficientes e eficazes.

Existem alguns sistemas que integram todas as operações empresariais, desde o setor comercial, por exemplo, até o chão de fábrica, para que haja controle e uma avaliação em conjunto das operações. Esse sistema chama-se ERP (*Enterprise Resource Planning*), e sua grande vantagem é, justamente, promover o controle geral das operações. O modelo de MRP (*Manufacturing Resource Planning*), por exemplo, pode estar contido no ERP, assim como um WMS (*Warehouse Management System*), que é um modelo para controle de armazenagem.

Uma ferramenta muito utilizada para controle das operações é o gráfico de Gantt, que faz uma apresentação visual do andamento das operações. Na Figura 5.2, a seguir, podemos observar que a primeira operação tem início na primeira hora do dia e a segunda operação, na segunda hora dia; também podemos ver que a segunda e a terceira operações ocorrem em paralelo por uma hora, e assim por diante.

Figura 5.2 – Gráfico de Gantt

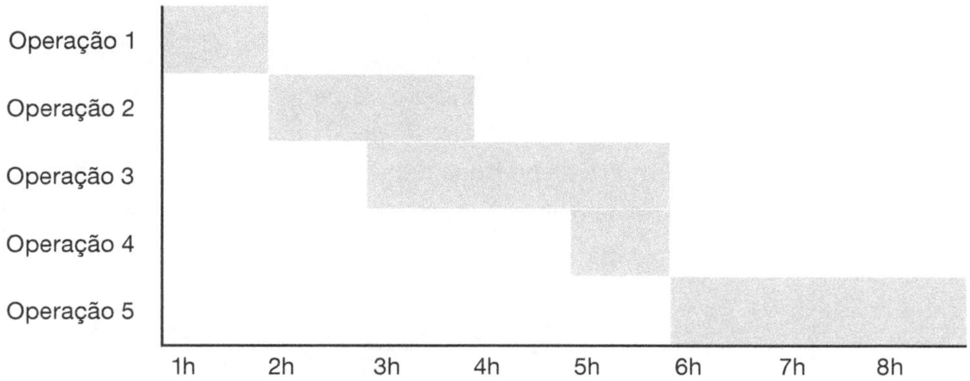

Se a empresa do gráfico anterior tivesse programado a operação 2 para iniciar na primeira hora do dia, facilmente poderíamos identificar o atraso da ordem. Essa análise pode ser feita durante todo o período de programação e execução das ordens, em que, além da análise do atraso, podemos observar o início e o término de cada ordem e comparar os dados com o planejado, bem como com o tempo total de todas as operações, dos atrasos etc.

O controle das entradas e saídas da produção também pode fornecer outras informações importantes, como desvios (possíveis perdas ou excessos) em relação à matéria-prima, retrabalho, material danificado, além do cálculo dos desvios quanto à utilização de mão de obra. Esses valores terão influência direta no cálculo de desempenho das operações.

Em relação aos indicadores de desempenho, no ambiente MTS (*Make to Stock*), uma boa ideia é trabalhar com o **percentual de pedidos atendidos** e com o tempo de atendimento, pois, especificamente nesse ambiente, espera-se ter o produto a pronta entrega e não correr risco de falta.N° de funcionários =

$$\text{Percentual de pedidos atendidos} = \frac{\text{Quantidade de pedidos atendidos}}{\text{Soma de todos os pedidos recebidos}} \times 100$$

$$\text{Tempo médio de atendimento} = \frac{\Sigma \text{ tempo de cada pedido}}{\text{número de pedidos}}$$

São formas bastante simples de calcular, mas que podem gerar grandes resultados para a empresa, pois a partir dos valores apresentados ela poderá buscar a raiz dos problemas e delinear um plano de ação para resolução e melhoria.

Já para o ambiente MTO (*Make to Order*), uma variável interessante de controle seria o atraso, pois, nesse ambiente, geralmente se estipula uma data para entrega. Justamente a partir desses dados poderíamos criar um indicador de desempenho como:

$$\text{Controle de prazo} = \frac{\Sigma \text{ data da entrega} - \text{data prometida}}{\text{número de pedidos}}$$

Poderíamos mudar o número de pedidos pelas ordens programadas e, assim, teríamos um controle de atraso no chão de fábrica. Poderíamos, também, somente calcular o percentual de ordens atrasadas:

$$\text{Percentual de ordens atrasadas} = \frac{\text{quantidade de ordens atradadas}}{\text{número total de ordens}} \times 100$$

Os mecanismos visuais são muito interessantes no ambiente de fábrica, principalmente quando todos os funcionários têm acesso a eles, pois assim os empregados podem controlar o desempenho de suas operações por conta própria.

O controle visual tem sido utilizado com bons resultados, mas evidentemente, devemos ressaltar, as informações precisam ser de fácil entendimento.

A medida do tempo de *setup* também é uma ótima informação para controle das operações, principalmente em linhas que exigem elevado tempo de ativação e troca de material.

■ Síntese

A programação da produção é realizada em torno de um estudo de sequenciamento de ordens, o qual permite minimizar os tempos de máquina ociosa, de produção, de fila, além de possibilitar o cumprimento dos prazos de entrega estabelecidos. Para isso, recorremos a algumas regras de sequenciamento presentes na literatura. Podemos também desenvolver regras que se adaptem melhor ao ambiente produtivo. O sequenciamento de ordens finaliza todo o módulo de PPCP (planejamento, programação e controle da produção) e se integra com o controle de estoques. A Figura 5.3 ilustra os conceitos contemplados no PPCP.

Figura 5.3 – Síntese dos assuntos tratados no capítulo

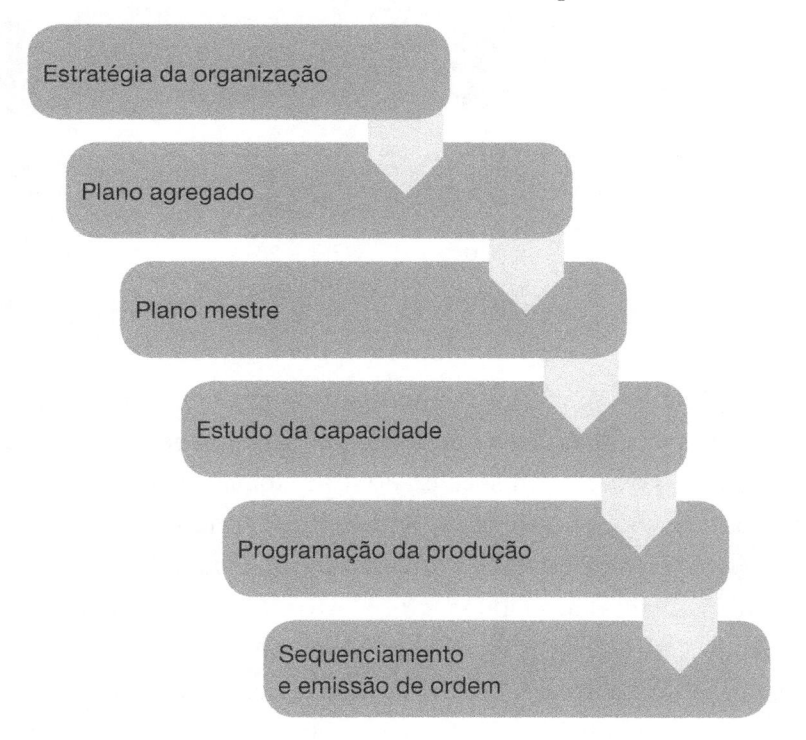

Questões para revisão

1. (Adaptado de Enade/Engenharia – 2008) Um pequeno fabricante de móveis recebeu hoje os pedidos feitos e registrou-os por ordem de chegada – de P1 a P5 –, conforme indicado na primeira coluna da tabela a seguir. O supervisor da produção estimou o tempo de processamento ou duração da tarefa (segunda coluna da tabela) para produzir cada pedido. Em dias contados a partir de hoje, as datas prometidas para entrega dos pedidos aos clientes estão na terceira coluna. Em virtude de razões como disponibilidade de pessoal, espaço físico e preocupação com qualidade, a empresa somente processa um único pedido de cada vez. Para fazer o programa de trabalho, isto é, a sequência em que os pedidos serão processados na oficina, o supervisor da produção verificou o que aconteceria caso ordenasse os pedidos aplicando a regra Fifo (*first in first out*), ou seja, primeiro que entra, primeiro que sai. A data calculada para o término do pedido está na quarta coluna da tabela. Os atrasos em relação à data prometida estão na última coluna.

Dados do problema			Cálculo para regra Fifo	
Pedido	Duração	Data prometida para entrega	Data de término	Atraso (dias)
P1	5	15	5	0
P2	4	25	9	0
P3	6	7	15	8
P4	8	20	23	3
P5	2	6	25	19
Total	25		77	30

Para avaliar a regra Fifo, o supervisor da produção usou dois indicadores, o atraso total (AT) e o tempo médio de processamento (TMP), e constatou que o atraso total será de 30 dias (soma dos atrasos individuais). Pedidos como o P5, que poderia ser terminado rapidamente, sofrem atraso excessivo. O tempo médio do processamento (soma das datas de término dividida pelo total de pedidos) é de 15,4 dias. O supervisor poderia aplicar outras duas regras de priorização: menor tempo de processamento (MTP) e menor data de entrega (MDE). Considera-se, também, que todos os pedidos têm valor equivalente e os pagamentos são recebidos nas respectivas datas de término dos pedidos.

Com base nas informações apresentadas acima, faça o que se pede a seguir.

a. Preencha as tabelas para as regras MTP e MDE (sequência de pedidos) e para as regras MTP e MDE (cálculo dos indicadores). Para facilitar o cálculo, há duas tabelas em branco. Considerando os resultados obtidos, você julga essas duas regras melhores que a Fifo? Justifique usando os indicadores calculados.

Dados dos problemas			Cálculo para regra MTP		
Duração	Data prometida para entrega	Duração	Data prometida para entrega	Duração	
Total					

Dados dos problemas			Cálculo para regra MDE		
Duração	Data prometida para entrega	Duração	Data prometida para entrega	Duração	
Total					

	Regras		
	Fifo	MTP	MDE
Sequência de pedidos	P1		
	P2		
	P3		
	P4		
	P5		

Cálculo de indicadores			
Regra	Fifo	MTP	MDE
Tempo médio de processamento (dias)			
Atraso total (dias)			

b. Qual das três regras – MTP, MDE e Fifo – você julga mais adequada para acelerar os recebimentos (fluxo de caixa)? Utilize apenas as regras puras (sem adaptações ou modificações). Justifique usando um dos indicadores mencionados (AT ou TMP).

c. Considere que haverá multa a cada dia de atraso na entrega do pedido. Para diminuir as multas, qual das três regras – Fifo, MTP e MDE – você escolheria? Justifique usando um dos dois indicadores.

2. Cinco ordens de produção precisam passar pelas máquinas A e B sequencialmente. Os tempos de processamento e as datas de entrega são apresentados na tabela abaixo. Determine a melhor sequência de processamento para essas ordens (representando graficamente) e calcule: *lead time* total, *lead time* médio, tempo médio de atraso, tempo médio de espera e tempo médio de máquina parada.

Ordens	Processamento (horas)		Data de entrega (horas)
	Máquina A	Máquina B	
OP1	7	5	15
OP2	8	6	20
OP3	3	7	13
OP4	2	3	10
OP5	4	3	9

■ Questões para reflexão

1. Proponha pelo menos três indicadores de controle de produção para uma empresa que fabrica *notebooks* e os vende por meio eletrônico.

2. Como podemos mensurar os principais impactos causados por uma sequência de produção não assertiva?

■ **Para saber mais**

Para aprofundar seus estudos nos assuntos deste capítulo, sugerimos a leitura dos artigos abaixo.

FERNANDES, F. C. F.; GODINHO FILHO, M. G. Sistema de coordenação de ordens: revisão, classificação, funcionamento e aplicabilidade. **Gestão & Produção**, São Carlos, v. 14, n. 2, p. 337-352, maio/ago. 2007. Disponível em: <http://www.scielo.br/pdf/gp/v14n2/10.pdf>. Acesso em: 15 mar. 2015.

FORMOSO, C. T.; GUIMARÃES, L. B. M.; SAURIN, T. A. Segurança e produção: um modelo para o planejamento e controle integrado. **Produção**, São Carlos, SP, v. 12, n. 1, p. 60-71, 2002. Disponível em: <http://www.scielo.br/pdf/prod/v12n1/v12n1a05>. Acesso em: 15 mar. 2015.

6 Gestão de estoques

Conteúdos do capítulo:
- *Razões para trabalhar ou não com estoques.*
- *Tipos de estoque.*
- *Modelos de controle de estoques.*
- *Estratégias para redução de estoques.*

Após o estudo deste capítulo, você será capaz de:
1. *entender a importância dos estoques;*
2. *definir a necessidade de trabalhar ou não com estoques;*
3. *escolher o modelo adequado de estoque;*
4. *aplicar estratégias para redução e controle de estoques.*

Neste capítulo, abordaremos a questão de maior impacto financeiro em uma organização, os estoques. Apresentaremos algumas razões para manter ou não os estoques, identificando vantagens e desvantagens, e examinaremos os dois principais modelos de gestão de estoques e suas dinâmicas de funcionamento, bem como algumas estratégias interessantes para que os estoques sejam minimizados.

6.1 Conceito

Para iniciarmos o estudo da gestão de estoques, primeiramente precisamos desenvolver o conceito de estoques. Para isso, utilizaremos um raciocínio bastante simples. Imagine o momento em que fazemos compras de mantimentos: Você costuma ir ao supermercado comprar alimentos todos os dias? Como normalmente as pessoas fazem? É comum irmos ao supermercado uma vez por semana (até mais) ou, ainda, uma vez por mês e fazermos a chamada "compra do mês". Mas por que fazemos uma compra por mês se vamos consumir alimentos todos os dias?

Fazemos isso por diversas razões, entre elas, para reduzir o número de vezes que nos deslocamos até o supermercado, economizar combustível, dar prioridades a outras atividade durante o mês, não correr o risco de faltarem alimentos durante o almoço, comprar por atacado e obter descontos, bem como porque alguns alimentos (e materiais) não podem ser comprados em pequenas quantias somente para o consumo diário, como é o caso do leite, por exemplo.

E qual é a relação desse raciocínio com o conceito de estoques? Bem, geralmente compramos mais alimentos do que vamos consumir durante um dia e fazemos isso por diversas razões, como vimos. O que acontece com esses alimentos? É comum guardá-los em um armário e consumi-los ao longo do mês. Fazendo isso, temos um acúmulo de mantimentos no armário, pois permanecerão lá durante um mês, tendo sua quantidade reduzida diariamente de acordo com nossa taxa de consumo diária de alimentos. O conceito de estoque remete exatamente a essa ideia: acúmulo de material devido à diferença entre a taxa de utilização (ou consumo) e a taxa de fornecimento (ou suprimento). Ou seja, não podemos, por exemplo, comprar um copo de leite no supermercado; portanto, precisamos, no mínimo, adquirir uma caixa de um litro; considerando que um copo de leite tem 200 mL, ao comprarmos 1 L de leite, formamos um acúmulo dessa bebida, a qual será consumida em cinco dias se a taxa de consumo se mantiver em 200 mL/dia. Isso equivale a dizer que teremos uma cobertura de estoque para 5 dias.

Acabamos de ver o conceito de estoque, que é o acúmulo de material, bem como as razões para organizar um estoque. No entanto, a filosofia *just in time* nos diz que estoque é desperdício e é necessário reduzi-lo. E agora, como trabalhar a gestão de estoque? Devemos ou não manter estoques nas empresas? Veremos a seguir algumas razões para trabalharmos com estoques, bem como outras que nos incitam a evitá-los.

6.2 Razões para manter estoques

Vamos examinar, nesta seção, alguns motivos que justificam a manutenção de estoques, ou seja, que justificam sua existência nas unidades fabris. A Figura 6.1 apresenta essas razões.

Figura 6.1 – Razões para manter estoques nas empresas

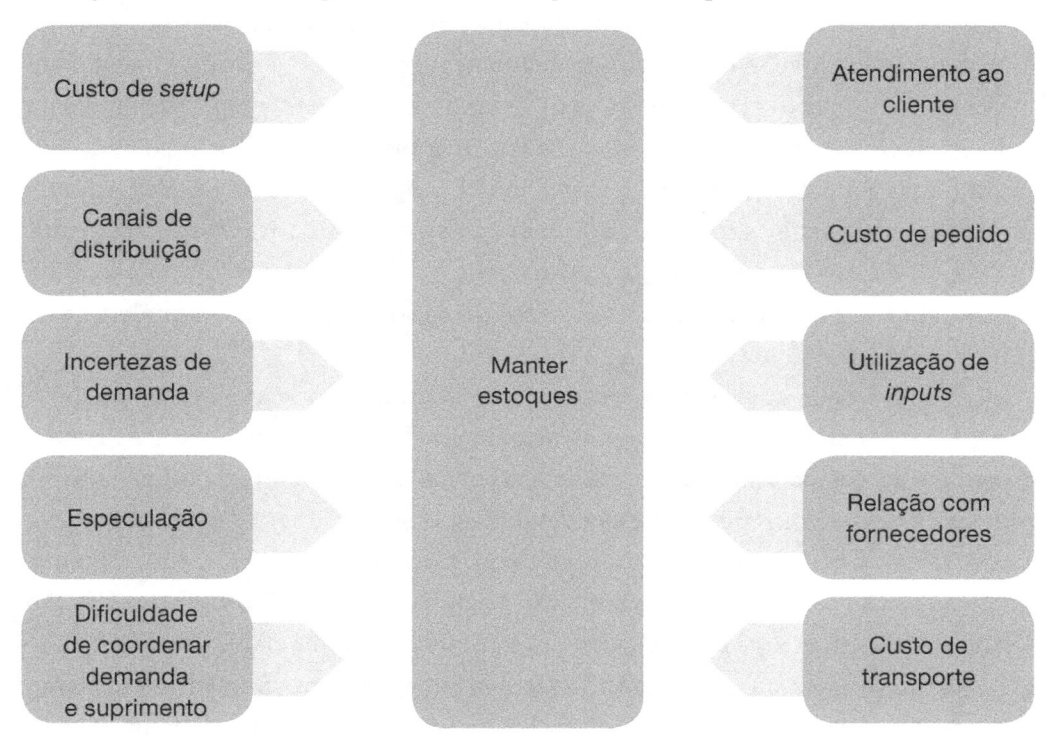

- Custo de *setup*
- Canais de distribuição
- Incertezas de demanda
- Especulação
- Dificuldade de coordenar demanda e suprimento

→ **Manter estoques** ←

- Atendimento ao cliente
- Custo de pedido
- Utilização de *inputs*
- Relação com fornecedores
- Custo de transporte

A **dificuldade de coordenar demanda e suprimento** é o principal motivo da existência de estoques, ou seja, a empresa não consegue alinhar sua oferta de produtos com a demanda exigida. Isso pode acontecer por uma limitação de capacidade, por exemplo, ou por falta de informação da demanda, além de outros fatores, como inabilidade ao trabalhar com a informação, restrições tecnológicas da empresa ou, ainda, custo de obtenção do produto.

Outro fator bastante interessante que justifica a manutenção de estoques é a **especulação**, que nada mais é do que manter estoques a fim de obter alguma vantagem competitiva sobre esse material. Por exemplo, sabendo que a oferta de uva é sazonal, o produtor de suco de uva pode comprar mais uva que o necessário e congelar a polpa, pois o consumo de uva não coincide com a sazonalidade da oferta; assim, a empresa poderá vender suco de uva durante todo o ano e beneficiar-se dessa ação caso os concorrentes não tenham feito a mesma coisa, isto é, poderá até mesmo vender polpa aos concorrentes ou ganhar a fatia de mercado da concorrência.

As **incertezas de demanda**, ou seja, a variabilidade de consumo somada aos erros da previsão de demanda, muitas vezes fazem as empresas criarem estoques de segurança que absorvam essa flutuação e garantam o **atendimento ao cliente**, que também é um fator-chave para permanência no mercado.

Algumas empresas optam por deixar seus estoques mais próximos aos consumidores para, assim, reduzir seu tempo de entrega. Isso é possível por meio da administração/criação de **centros de distribuição**, os quais geralmente estão em locais estratégicos e relacionam taxa de demanda, custo de transporte, tempo de entrega e margem de lucratividade. O **custo de transporte** geralmente é dado por unidade transportada, ou seja, quanto maior o aproveitamento da capacidade de transporte, menor será o valor do transporte por unidade. Quando se trabalha com o centro de distribuição, prioriza-se o aproveitamento da capacidade do transporte a fim de reduzir uma parte do custo do produto – aquela que se refere aos custos logísticos.

Em relação aos custos, a manutenção de estoques pode ser vantajosa, uma vez que se busca trabalhar com a minimização desse acúmulo, como os **custos de *setup*** e os **custos de pedido**, quando se fabrica a quantidade exata para diminuir os custos que envolvem essas atividades. O custo de *setup* é o custo para a ativação de máquina, considerando-se energia, perda de material, embalagem e disposição de mão de obra. Já o custo de pedido é o valor referente à realização de um pedido que exige mão de obra para cotação, sistema de informação, energia e demais custos burocráticos. O desenvolvimento de um bom **relacionamento com o fornecedor** tem por finalidade trabalhar com quantidades ótimas, ou seja, nem tão grandes a ponto de se obter desconto na compra e ser necessário pagar para estocar por um bom tempo, nem tão pequenas a ponto de não haver custos com estoques, mas haver custos excessivos na compra e risco de falta de produto.

Por fim, a utilização de máquina, equipamento, matérias e mão de obra, ou seja, a **utilização dos *inputs*** do processo, também pode ser uma estratégia positiva para a empresa a fim de não manter máquinas paradas e ter de arcar com esse custo. No entanto, é necessário que haja esforço por parte do setor de vendas para que não haja formação excessiva de produto acabado.

6.3 Razões para não manter estoques

Apresentamos na Figura 6.2 algumas razões importantes para que seja evitada a formação de estoques.

Figura 6.2 – Razões para não se manter estoques ativos

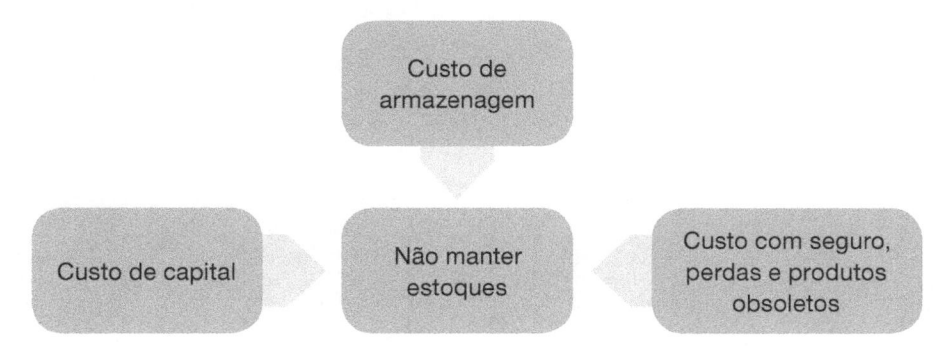

```
                    Custo de
                   armazenagem
                        ↓
  Custo de capital → Não manter ← Custo com seguro,
                      estoques      perdas e produtos
                                        obsoletos
```

Há menos razões para não manter estoques. No entanto, elas têm impacto significativo no plano financeiro da empresa. É preciso ter em mente que estoque é **capital** parado, ou seja, houve um investimento em compra de material, contratação de mão de obra, aquisição de máquinas e equipamento – o produto foi produzido, mas ainda não foi vendido. Todo o capital investido está parado e, quanto mais tempo esse produto permanecer estocado, maior será seu custo; em outras palavras, o risco de prejuízo também aumenta. O **custo de armazenagem** nem sempre é baixo, pois depende muito das características dos produtos estocados. Pense na diferença da estrutura de armazenagem de ferragens, medicamentos, produtos congelados e grãos. Podemos imaginar, no mínimo, quatro estruturas completamente diferentes, desde galpão, silos, estrutura refrigerada até uma estrutura totalmente automatizada. Evidentemente, quanto maior for o investimento, maior será o custo de armazenagem, o qual pode ser atenuado com a capacidade e o retorno em longo prazo. Contudo, o que estamos querendo mostrar é que o custo de armazenagem tem impacto no custo do produto, uma vez que não é representado apenas pela estrutura, mas também por equipamentos de movimentação, sistemas de informação, mão de obra, energia, entre outros materiais.

Por fim, há os riscos inerentes aos produtos armazenados, entre os quais podemos destacar os **custos com seguro, perdas e produtos obsoletos**. É necessário buscar conhecimento sobre a demanda, suas necessidades e seu comportamento, bem como sobre o produto e suas características, para conseguir gerenciar os estoques da melhor forma possível e, se necessário, propor estratégias que possam reduzi-los.

6.4 Tipos de estoques

Os estoques podem ser divididos em algumas categorias de acordo com o tipo de produto (itens *a*, *b* e *c*) e em relação ao modo como eles são criados (itens *d*, *e*, *f* e *g*).

a. **Matéria-prima:** Trata-se do estoque representado pelos insumos, ou seja, pela matéria-prima necessária para a produção.

b. **Produto acabado:** É a categoria de estoques de produtos que estão disponíveis para venda, ou seja, produtos acabados, que já foram processados e aguardam entrega.

c. **Produto semiacabado:** Forma-se por componentes ou produtos que serão finalizados geralmente após a venda e de acordo com o pedido.

d. **Em trânsito:** Refere-se àquele produto que já foi processado e vendido, mas que ainda não foi entregue, ou seja, está em transporte para ser entregue e ainda é de responsabilidade da empresa.

e. **Cíclico:** Funciona como um ciclo, estabelecido quando definidos o tamanho do lote e o tempo entre os pedidos.

f. **Antecipação:** É o estoque que existe para absorver variações irregulares da demanda, como no caso dos produtos sazonais, em que se prevê a necessidade de aumento (ou redução) da taxa de produção ao longo do tempo. O estoque vai sendo formado para absorver a necessidade da demanda em um dado momento futuro.

g. **Segurança:** Trata-se do estoque que serve para assegurar que na ocasião de algum evento inesperado (falta do fornecedor, quebra de máquina, greve de funcionário, entre outros) haverá produto ou matéria-prima suficiente para continuar atendendo à demanda. Apresentaremos, na próxima seção, algumas formas de dimensionar o estoque de segurança.

6.5 Sistemas de controle de estoques

Os sistemas de controle de estoques têm a função de equilibrar os custos de estoques e seus parâmetros fundamentais, como quantidade mínima e máxima, tempo de reposição, custo de armazenagem e custo de pedidos.

6.5.1 Sistema de ponto de reposição ou lote-padrão

Para entendermos bem o modelo de reposição contínua, precisamos conhecer cada variável presente no Gráfico 6.1, apresentado a seguir. Primeiramente, destacamos a quantidade de estoque, representada no eixo *y*, e a linha de tempo, representada no eixo *x*. A variável *Q* representa a quantidade de produto, *R* é o ponto de reposição, *ES* é o estoque de segurança, *L* é o *lead time* de abastecimento e *IP* é o intervalo de pedido.

Gráfico 6.1 – Gráfico do ponto de reposição

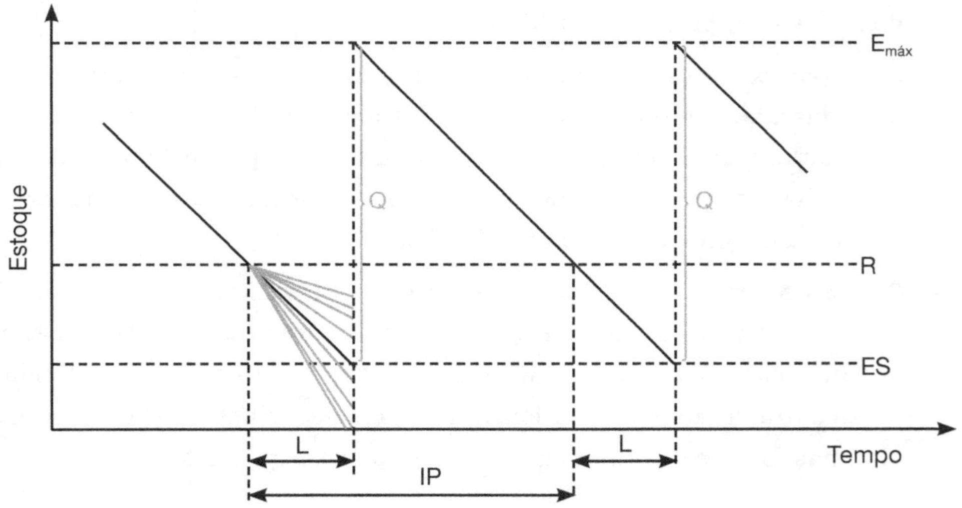

Fonte: Adaptado de Corrêa; Gianesi; Caon, 2009, p. 42.

A dinâmica desse modelo é a seguinte: imaginemos que estamos na altura de estoque máximo; a partir desse momento, o produto será consumido com a taxa de demanda e percorreremos a linha de estoque até atingir a variável *R*. É a hora de realizar o pedido de reposição de produto, seja para o fornecedor (se estivermos falando em matéria-prima), seja para a produção (se estivermos analisando o modelo de estoque de produto acabado). O intervalo de tempo entre a requisição do pedido até ele ser atendido é exatamente o tempo necessário para a linha de estoque atingir o estoque de segurança (ES) – no eixo *x*, esse tempo representará o *lead time* (L). Ao atingirmos o estoque de segurança, também receberemos a remessa de produtos ou materiais pedidos e atingiremos o estoque máximo. No eixo *x*, chamamos de *intervalo de pedidos* aquele período entre o momento em que o pedido é feito e o momento em que atingimos o ponto de reposição e temos de fazer outro pedido.

E por que esse modelo se chama *reposição contínua* ou *lote-padrão*? Porque o ponto de reposição, assim como o estoque de segurança e o estoque médio, já foi estabelecido por meio da taxa de demanda. Assim, conhecendo o *lead time* (ou o tempo de reabastecimento), é possível dimensionar o tamanho do lote, que se torna padrão, pois, para trabalhar com esse modelo, a exigência é que a demanda tenha baixa variabilidade, ou seja, é necessário que seja praticamente estável, e por isso a reposição pode ser contínua.

Para conhecermos cada variável, iniciaremos pelo custo total, dado pela soma do custo de armazenagem com o custo de pedido.

$$CT = CA + CP$$

O custo de pedido, por sua vez, é formado pela quantidade de pedidos feitos em um determinado período multiplicada pelo custo fixo de realização de um pedido. Já o custo de armazenagem é formado pelo estoque médio multiplicado pelo custo unitário de armazenagem.

$$CP = \frac{D}{Lote} \times Cf \qquad CA = \frac{Lote}{2} \times Ce$$

Em que:
- *CP* é o custo de pedido;
- *D* é a demanda;
- *Lote* é o tamanho do lote;
- *Cf* é o custo fixo de pedido;
- *CA* é o custo de armazenagem;
- *Ce* é o custo de estocagem.

Para identificarmos o ponto de reposição, basta multiplicarmos a taxa de demanda pelo tamanho do lote de reposição e somarmos o estoque de segurança (quando trabalhamos com esse tipo de estoque).

$$R = DL + ES$$

O tamanho do lote pode ser dimensionado pelo lote econômico, que é o ponto de equilíbrio entre os custos de armazenagem e pedido. Isto é, não se trata de um lote tão grande a ponto de termos um elevado custo com armazenagem nem de um lote pequeno a ponto de termos de pagar várias vezes para fazer o mesmo pedido. É o ponto ótimo entre esses custos. Observando o Gráfico 6.2, podemos entender melhor esse equilíbrio entre os custos.

Gráfico 6.2 – Lote econômico

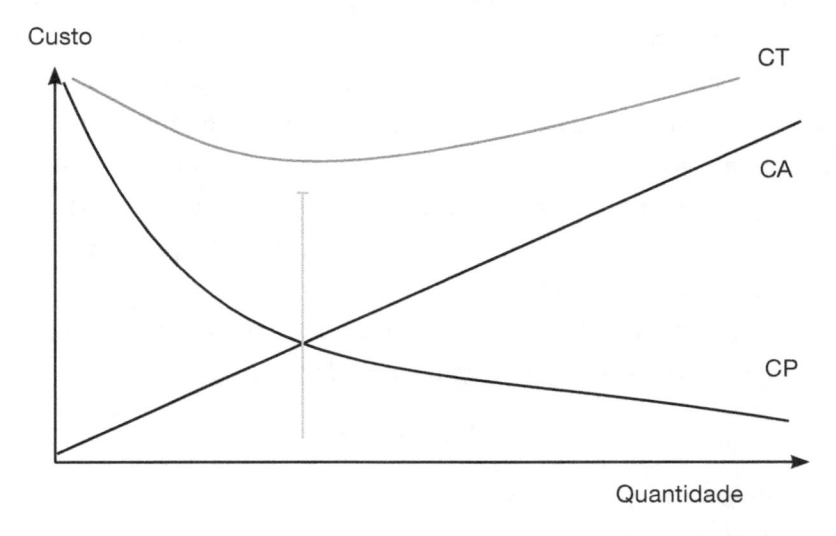

Considerando o lote econômico (LEC) como o ponto de equilíbrio entre os custos, ou seja, o momento em que os custos se igualam, podemos deduzir facilmente sua fórmula de cálculo.

$$CA = CP$$

$$\frac{Lote}{2} \times Ce = \frac{D}{Lote} \times Cf$$

$$Lote\ (LEC) = \sqrt{\frac{2 \times D \times Cf}{Ce}}$$

Neste momento, você pode estar se perguntando o que seria melhor: fazer poucos pedidos ao longo de um ano, por exemplo, com lotes grandes que demandam elevado custo de armazenagem, baixo custo de pedido e de transporte, ou, talvez, adotar a política de vários pequenos lotes ao longo do ano, minimizando o custo de armazenagem, mas trabalhando mais com os custos de pedido e de transporte? Qual seria a melhor opção?

Gráfico 6.3 – Políticas alternativas de estoque

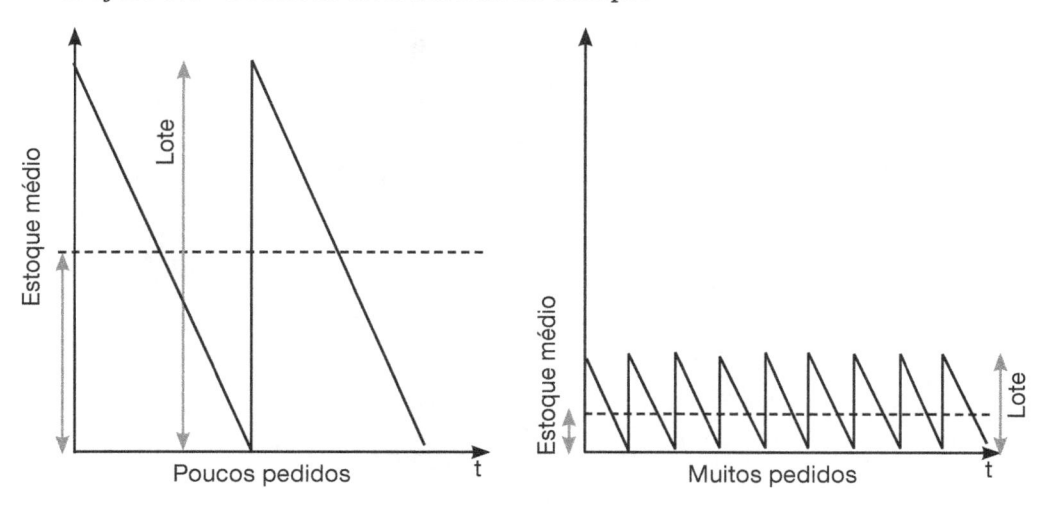

Fonte: Figueiredo; Fleury; Wanke, 2010, p. 180.

Não existe uma regra mágica que nos indique rapidamente qual das duas políticas é a mais coerente ou a de menor custo. O que devemos fazer é dimensionar cada uma das variáveis, analisar as características e as necessidades dos produtos quanto à estrutura de armazenagem e ao tempo de vida e avaliar qual seria a melhor opção. Ou seja, a escolha é bastante individual, pois depende do produto, da estrutura de armazenagem, do sistema de transporte e dos custos.

Quanto ao estoque de segurança, existem algumas maneiras de calculá-lo. Os autores Caon, Corrêa e Gianesi (2009), por exemplo, trabalham com a seguinte equação:

$$ES = FS \times \sigma \times \sqrt{\frac{L}{PP}}$$

Em que:

- *ES* é o estoque de segurança;
- *FS* é o fator de segurança dado em função do nível de serviço em que se pretende trabalhar;
- σ é o desvio-padrão da demanda;
- *L* é o *lead time* de ressuprimento;
- *PP* é o período ao qual se refere o desvio-padrão.

O fator de segurança pode ser obtido pela Tabela 6.1, que apresenta o nível de serviço representado pelo número de desvios-padrão que se deve manter no estoque de segurança a fim de garantir o nível de serviço desejado.

Tabela 6.1 – Fatores de segurança

Nível de serviço	Fator de serviço
50%	0
60%	0,254
70%	0,525
80%	0,842
85%	1,037
90%	1,282
95%	1,645
96%	1,751
97%	1,880
98%	2,055
99%	2,325
99,9%	3,100
99,99%	3,620

Fonte: Corrêa; Corrêa, 2009, p. 364.

Exemplo 1

Se uma empresa apresentar uma demanda média de um determinado item em torno de 50 unidades e seu *lead time* de reposição é de 12 dias, o ponto de reposição será:

PR = 50 × 12 = 600 unidades

Isto é, se a demanda for constante e não for necessário trabalhar com estoque de segurança, basta multiplicar a taxa de demanda pelo tempo de abastecimento, e o ponto de reposição será de 600 unidades. Entretanto, se a demanda apresentar variações e for necessário trabalhar com estoque de segurança, é preciso somá-lo ao ponto de reposição.

Imaginando que é possível trabalhar com 10 faltas por ano, que o ano tem 52 semanas e que o desvio-padrão da demanda é de 3 unidades, qual seria o ponto de reposição?

$1 - \left(\dfrac{10}{52}\right) = 0{,}80$ ou 80% de nível de serviço

$ES = FS \times \sigma \times \sqrt{\dfrac{L}{PP}}$

$ES = 0{,}842 \times 3 \times \sqrt{\dfrac{12}{1}} = 8{,}75$

R = DL + ES

R = 50 × 12 + 9 = 609 unidades

6.5.2. Sistema de revisão periódica

No modelo de reposição contínua, comumente acompanhamos o gráfico pelo eixo *y* para analisarmos a quantidade disponível de estoque, pois é exatamente por essa quantidade que iremos determinar o momento adequado de solicitar ressuprimento de material.

Já no modelo de revisão periódica, os olhos são voltados para o eixo *x*, pois devemos analisar os intervalos de tempo entre um pedido e outro. Por que chamamos esse modelo de *revisão periódica*? Graças à dinâmica do processo, a qual consiste justamente em realizar revisões na quantidade de estoque de maneira periódica, ou seja, com intervalo de tempo definido, diferentemente do modelo de reposição contínua, no qual definimos a quantidade exata que significa o momento de um novo pedido.

A ideia do modelo de revisão periódica é estabelecer um intervalo de tempo, de acordo com o comportamento da demanda, que indique de quanto em quanto tempo devemos olhar para a quantidade disponível em estoque, somar ao que se está produzindo no momento e reduzir dos pedidos em carteira e da previsão de demanda, de modo a calcularmos o valor necessário de ressuprimento.

Devemos utilizar esse modelo, representado no Gráfico 6.4, quando estivermos trabalhando com uma demanda variável, ou seja, com elevado desvio-padrão, ou com uma demanda pouco conhecida, no caso de um produto novo ou que apresenta comportamento irregular.

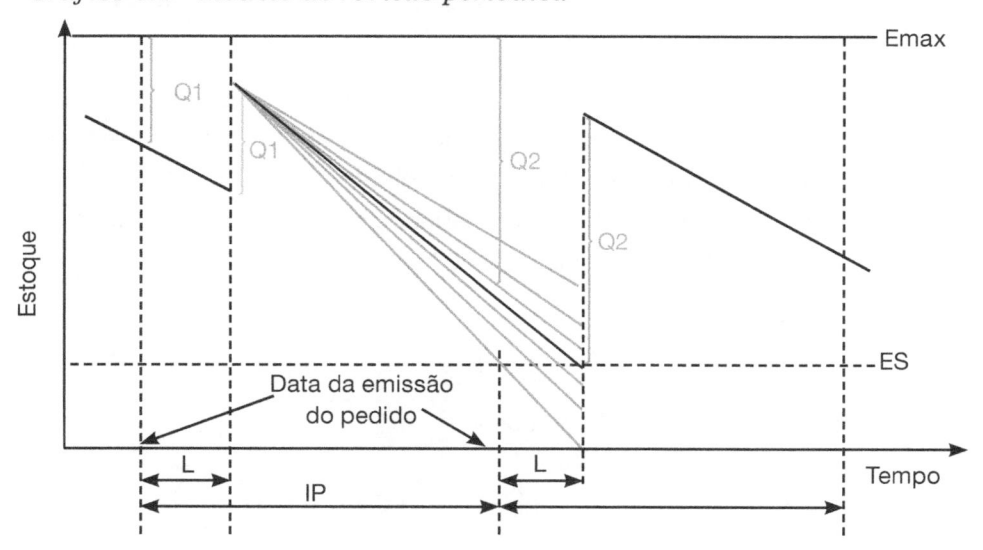

Gráfico 6.4 – Modelo de revisão periódica

Fonte: Adaptado de Martins; Laugeni, 2005.

As variáveis envolvidas nesse modelo são basicamente as mesmas do modelo de lote-padrão, acrescidas das variáveis de tempo:

$$Q = M - (E + QP)$$

$$M = D \times (P + L) + ES$$

$$IP = \frac{LEC}{D}$$

Em que:
- Q é a quantidade a pedir;
- M é o estoque máximo;
- E é o estoque presente;
- QP é a quantidade pendente (já pedida);
- D é a taxa de demanda;
- P é o período de revisão;
- L é o *lead time* de ressuprimento;
- ES é o estoque de segurança;
- IP é o intervalo entre pedidos;
- LEC é o lote econômico.

Para o modelo de revisão periódica, o estoque de segurança é calculado da seguinte maneira:

$$ES = FS \times \sigma \times \sqrt{\frac{(P + L)}{PP}}$$

Exemplo 2

Um item de estoque tem demanda média diária de 70 unidades, com desvio-padrão de 5 unidades/dia e tempo de reposição constante de 5 dias. Determine o estoque máximo e o estoque de segurança do item, sabendo que o período de revisão é igual a 7 dias e o nível de serviço corresponde a 70%.

$$ES = FS \times \sigma \times \sqrt{\frac{(P + L)}{PP}}$$

$$ES = 0{,}525 \times 5 \times \sqrt{\frac{(7 + 5)}{1}} = 9 \text{ unidades}$$

$$M = D \times (P + L) + ES$$

$$M = 70 \times (7 + 5) + 9 = 849 \text{ unidades}$$

Ou seja, para um nível de correspondência de 70%, o estoque máximo do item seria de 849 unidades e seu estoque de segurança, de 9 unidades, visto que 70% é um percentual baixo de segurança.

6.6 Estratégias para redução de estoques

Já abordamos neste capítulo a importância de trabalhar com estoques e o impacto financeiro que eles provocam. Devemos ressaltar a necessidade de a empresa encontrar o nível adequado de estoque para que não pague (no sentido financeiro) pelo excesso nem corra o risco de falta. No entanto, a melhor estratégia é buscar pela minimização de estoque, não somente pelo impacto financeiro, mas também pelos problemas que ele pode mascarar. Destacaremos, a seguir, algumas estratégias interessantes para a redução dos estoques, de acordo com Krajeswski e Ritzman (2009).

a. **Redução do tamanho do lote**: Causa impacto nos fluxos de produção e de compra, tornando-os mais independentes e ágeis. Para conseguir reduzir os lotes, a empresa pode adotar as seguintes estratégias:

- repetitividade de lotes de produtos – por exemplo, em vez de programar uma grande ordem de produção, são programadas várias pequenas e repetidas ordens, pelas quais se atinge o mesmo montante de material produzido;

- melhora nas previsões de demanda – quanto mais os erros das previsões forem reduzidos, mais se conhecerá a demanda: por mais que haja variação, ela será conhecida; assim, será possível organizar uma programação para atendê-la, evitando-se a criação de estoques de segurança elevados e de estoques desnecessários;

- redução de *lead times*, para que não seja necessário manter estoque de matéria-prima elevado por conta do alto tempo de ressuprimento; essa redução pode acontecer por meio de parcerias com fornecedor, por meio de entregas programadas, entre outras estratégias;

- redução de incertezas na oferta, o que pode se refletir na redução da variabilidade da procura, ou seja, da demanda;

- mínimo de folga na capacidade, para que haja flexibilidade de produção, o que permite lotes menores e mudanças repentinas para adequação de oferta e procura.

b. **Adequação da taxa de demanda à capacidade**: É a questão-chave da gestão de estoques, pois os estoques surgem somente porque essas taxas são diferentes. Algumas alternativas para equilibrar a taxa de demanda com a capacidade são:

- novos produtos, inseridos estrategicamente a fim de aproveitar a capacidade disponível e manter estável a demanda;
- planos de preços sazonais, alinhados com a capacidade produtiva da empresa, de modo a promover a procura no momento em que a empresa pode oferecer o produto e reduzi-la no momento de restrição de capacidade.

c. **Utilização dos índices de nível de serviço, giro de estoques e cobertura**: De acordo com Martins e Laugeni (2005), esses índices podem ser calculados da seguinte maneira:

$$\text{Nível de serviço} = \frac{\text{número (valor) dos itens entregues}}{\text{número (valor) dos itens pedidos}}$$

$$\text{Giro de estoque} = \frac{\text{valor consumido no período}}{\text{valor do estoque médio no período}}$$

$$\text{Cobertura} = \frac{\text{número de dias do ano}}{\text{giro}}$$

d. **Qualificação de fornecedores**: Procura-se obter maior conhecimento e interação com o fornecedor, alinhando-o às necessidades da empresa, o que pode reduzir os estoques e o *lead time* de ressuprimento.

e. **Classificação ABC**: Trata-se de um mecanismo por meio do qual é possível priorizar os itens mais importantes, classificando-os em A, B e C, sendo os itens A os de maior importância, os itens B os de média importância e os C os de menor importância.

Gráfico 6.5 – Gráfico de curva ABC

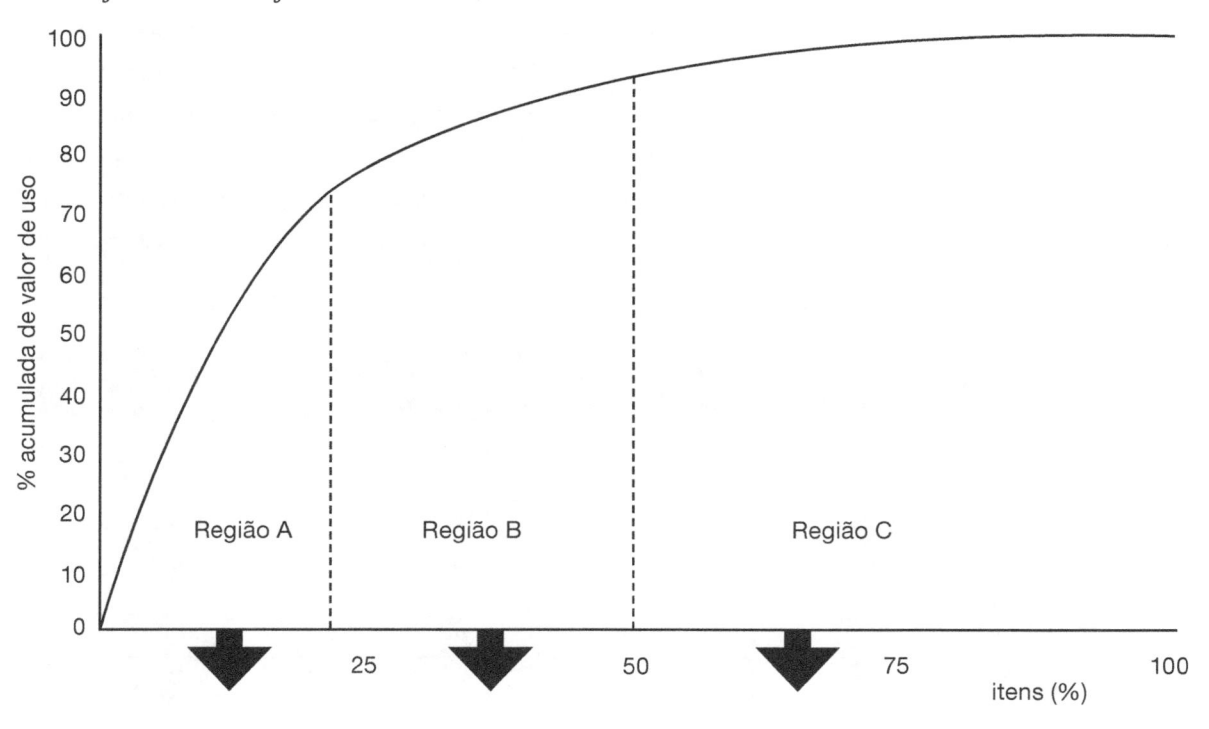

Fonte: Adaptado de Martins; Laugeni, 2005.

Essa classificação é dada pelo cálculo do percentual acumulado de alguma variável relacionada à quantidade do item. Por exemplo, vamos relacionar alguns produtos com suas respectivas margens de lucratividade, de acordo com a Tabela 6.2.

Tabela 6.2 – Produto versus margem de lucratividade

Produto	Quantidade	% de lucro	Quantidade × lucro
P1	100	5	500
P2	150	8	1.200
P3	200	2	400
P4	180	9	1.620
P5	50	15	750
P6	200	12	2.400
P7	130	3	390

Multiplicando a quantidade de cada produto por sua margem de lucratividade, obtemos o lucro de cada produto. Realizamos, então, a soma total dos lucros e calculamos os percentuais individuais de lucratividade de cada produto; em seguida, reordenamos os produtos do maior para o menor, ou seja, do que oferece maior lucratividade para a empresa para o que gera menos lucro. Após essa etapa, calculamos o percentual acumulado (soma acumulada) dos percentuais individuais, conhecido como **curva de pareto**.

Tabela 6.3 – Classificação ABC

Produto	Quantidade	% de lucro	Quantidade × lucro	% individual	% acumulado	Classificação
P6	200	12	2.400	33	33	A
P4	180	9	1.620	22	55	A
P2	150	8	1.200	17	72	A
P5	50	15	750	10	82	B
P1	100	5	500	7	89	B
P3	200	2	400	6	95	C
P7	130	3	390	5	100	C

Nesse caso, podemos observar que, de sete produtos, três fornecem a maior parte da lucratividade da empresa, ou seja, 72%. O Gráfico 6.6 representa a curva ABC para esse caso.

Gráfico 6.6 – Gráfico da curva ABC

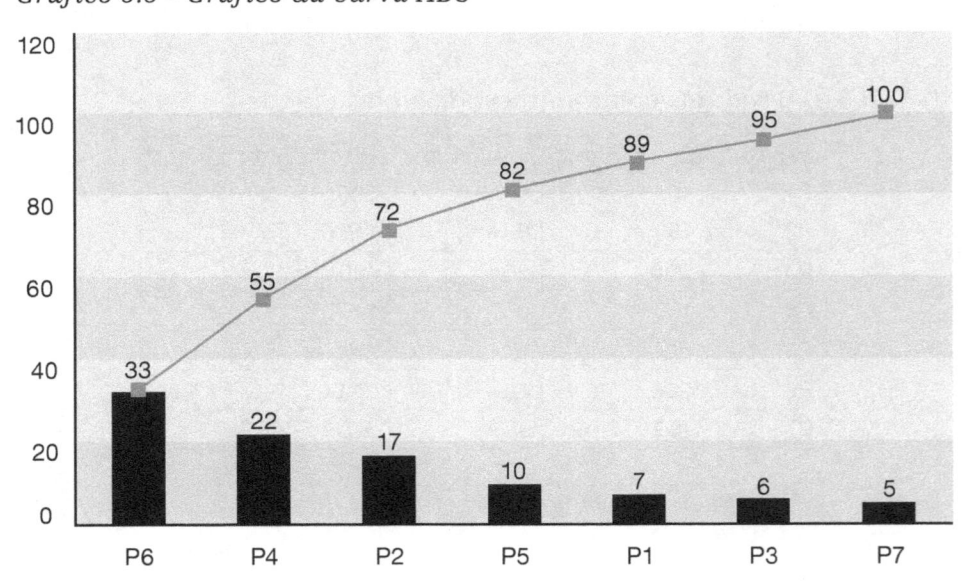

f. **Consignação de estoques**: Refere-se à utilização somente do material necessário – o material não utilizado pode ser devolvido para o fornecedor. Certamente, o risco de perda de material estará embutido no valor repassado pelo fornecedor.

g. **Compartilhamento de informações com fornecedores e clientes (EDI –** *Eletronic Data Interchange*): Proporciona ao fornecedor o conhecimento da movimentação de material e da saída de produto da empresa, para que possa aprimorar sua produção e planejar as entregas de acordo com a necessidade do consumidor (no caso, a fábrica).

h. **Uso de código de barras e RFID (identificador por radiofrequência)**: São mecanismos que auxiliam no controle da quantidade de material/produto disponível nos armazéns. Um material que tem código de barras só dará entrada num armazém após passar por um leitor de código de barras, que irá automaticamente computar o material no sistema de informação que controla os estoques. No caso das etiquetas RFID, não é necessário um leitor de código de barras, e sim um leitor de radiofrequência. A vantagem é que não é preciso passar cada produto pelo leitor, pois ele capta, de uma vez só, todos os materiais que têm etiqueta de radiofrequência num determinado espaço, ou seja, eliminam-se mão de obra e trabalho. O leitor de RFID também permanece ligado com o sistema de controle de estoques.

i. *Quick response* **(QR)**: O fornecedor recebe os dados que informam como estão as vendas e os níveis de estoque dos seus produtos nos pontos de venda e pode, com base nessas informações, planejar sua produção.

j. *Vendor-Managed Inventory* **(VMI)**: Além de trabalhar com o intercâmbio de informações, o fornecedor é quem gerencia o estoque de seus produtos. É o que acontece nos supermercados, por exemplo, pois, quando um produto passa pela caixa registradora, automaticamente essa informação vai para o fabricante, que passa então a conhecer a necessidade de repor uma unidade em determinado estabelecimento.

k. *Continuous Replenishment* **(CR)**: Trata-se de uma reposição contínua entre valores mínimos e máximos de estoque.

l. *Collaborative Planning, Forecasting and Replenishment* **(CPFR)**: Trata-se de planejamento, previsão e reabastecimento colaborativos, a partir do agente que melhor consegue prever a demanda. Ou seja, contrata-se um terceiro, especializado em prever a demanda daquele segmento, e ele faz o planejamento de abastecimento de material.

■ Síntese

Os estoques podem apresentar vantagens e desvantagens; isso será definido de acordo com a estratégia corporativa, pois acúmulos de material podem representar custo financeiro, mas também vantagem competitiva. Uma vez definido o uso de estoques, é necessário identificar a melhor estratégia de controle. Neste capítulo, tratamos dessas estratégias, bem como dos tipos de estoque, suas vantagens e desvantagens. A Figura 6.3 sintetiza os conceitos apresentados.

Figura 6.3 – Síntese dos assuntos tratados no capítulo

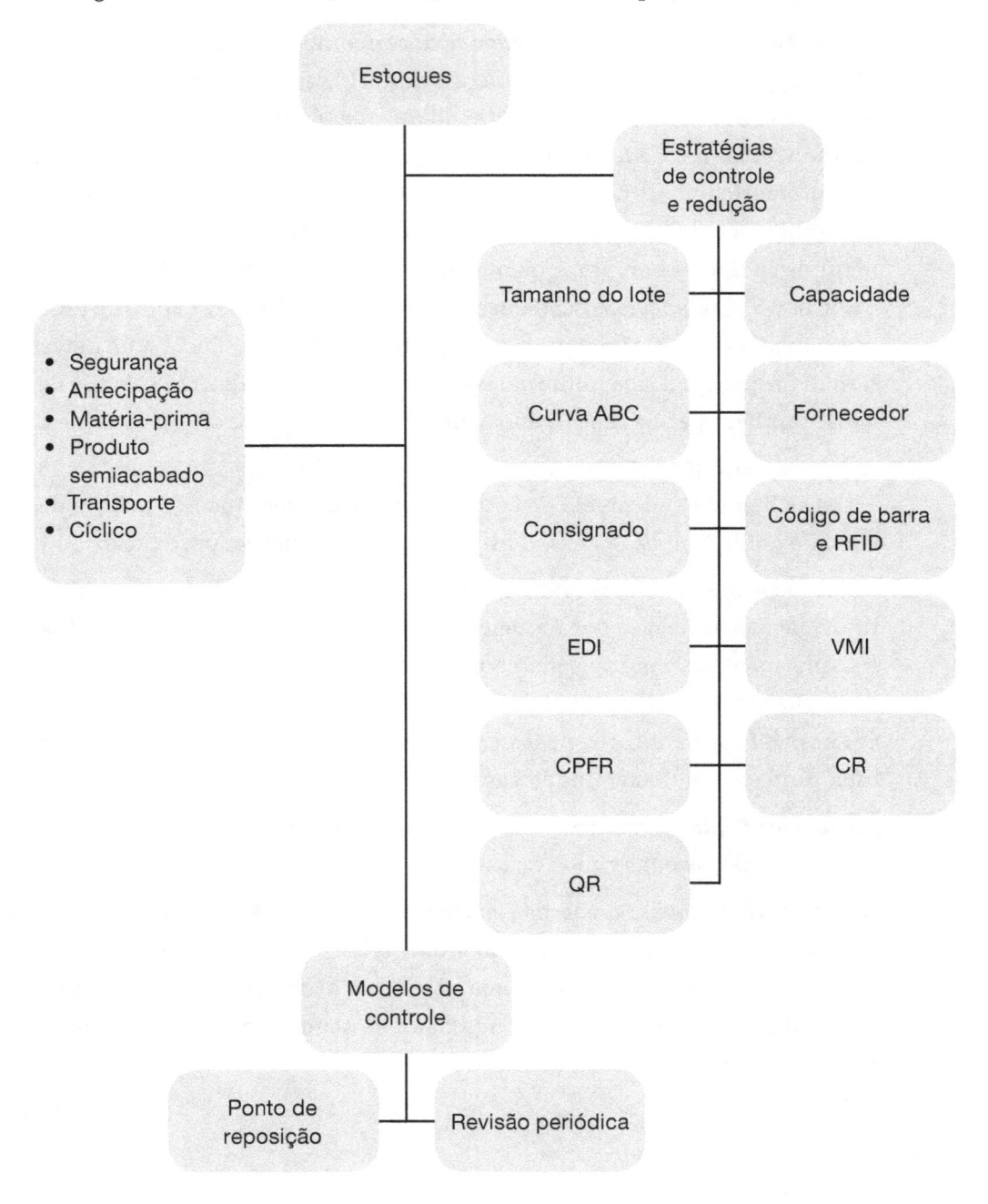

Questões para revisão

1. A empresa Plum comercializa seu principal produto por R$ 250,00. A demanda anual desse produto é de 720 unidades constantes durante todo o ano. O custo unitário de estocagem é de R$ 15,00 por ano, e o custo do pedido é de R$ 45,00 por pedido. A empresa faz 12 pedidos por ano (60 unidades cada pedido). Sabendo que a loja funciona por 250 dias e que o tempo de ressuprimento é de 10 dias, responda:
   a. Com a política de 60 unidades por pedido, qual é o custo anual do pedido?
   b. Qual é o custo de armazenagem total (com 60 unidades por pedido)?
   c. Se a empresa usasse a política de lote econômico, qual seria seu tamanho?
   d. Qual seria o número de pedidos com o lote econômico?
   e. Qual seria o custo de armazenagem usando o lote econômico?
   f. Qual seria o ponto de ressuprimento com o lote econômico?

2. Admitindo uma amostra de 11 itens com as demandas anuais e os custos unitários apresentados na tabela a seguir, qual seria a constatação básica da curva de pareto para as amostras? Demonstre montando uma classificação ABC.

Item	P1	P2	P3	P4	P5	P6	P7	P8	P9	P10
Demanda anual	400	215	154	685	3.050	950	450	199	100	700
Custo unitário	15	9	150	2	12	10	5	100	8	2

3. Um estoque de materiais apresentou ao longo de um ano a movimentação exposta na tabela a seguir. Elabore a classificação ABC, juntamente com a curva de pareto, e determine o giro e a cobertura supondo 300 dias no ano e o valor do estoque médio ao longo do ano igual a R$ 2.600,00.

Item	1	2	3	4	5	6	7
Quantidade	500	1.600	8.000	75	20.000	450	12.500
Valor unitário	3	0,02	0,75	40	0,05	1	5

4. A Baschi está tentando elaborar uma análise do estoque de seu produto mais popular, cuja demanda anual é de 3.850 unidades. O custo unitário é de R$ 2,00. Os custos de manutenção do estoque podem ser considerados de 25% do custo unitário por unidade/ano, e os custos de pedido são de aproximadamente R$ 20,00 por pedido. Calcule:

a. Lote econômico de compra.
b. Custo total anual.
c. Número de pedidos por ano.
d. Intervalo entre pedidos.

■ **Questões para reflexão**

1. Em um momento de ascensão da filosofia *just in time* (JIT), que visa à redução dos desperdícios, como podemos defender a utilização dos estoques?

2. É possível utilizar diferentes modelos de gestão de estoques numa mesma empresa? Quando isso acontece?

■ **Para saber mais**

Para aprofundar seus estudos nos assuntos deste capítulo, sugerimos a leitura do artigo abaixo.

GODINHO FILHO, M.; UZSOY, R. Efeito da redução do tamanho de lote de programas de melhoria contínua no estoque em processo (WIP) e na utilização: estudo utilizando uma abordagem híbrida System Dynamics – Factory Physics. **Produção**, São Paulo, v. 19, n. 1, p. 214-229, jan./abr. 2009. Disponível em: <http://www.scielo.br/scielo.php?script=sci_arttext&-pid=S0103-65132009000100014>. Acesso em: 15 mar. 2015.

7 Produção enxuta

Conteúdos do capítulo:
- *Conceito de* just in time.
- *Princípios da manufatura enxuta.*
- *Sistema* kanban.
- *Teoria das restrições.*

Após o estudo deste capítulo, você será capaz de:
1. *diferenciar o sistema tradicional de manufatura do sistema de manufatura enxuta;*
2. *aplicar os princípios do* just in time;
3. *calcular a quantidade adequada de cartões no sistema* kanban;
4. *balancear linhas de produção;*
5. *aplicar os princípios descritos na teoria das restrições.*

Neste capítulo, nosso intuito é diferenciar os modelos tradicionais (empurrados) de produção do modelo de manufatura enxuta, conceituando-o e apresentando as características que definem um sistema enxuto. Vamos tratar também do sistema *kanban*, do cálculo de cartões e da teoria das restrições, que visa principalmente à identificação dos gargalos produtivos, ao balanceamento de linha e à busca de capacidade.

7.1 Conceito e objetivos do *just in time*

O *just in time* (JIT) é uma filosofia avessa à abordagem tradicional da manufatura e contribui em diversos aspectos para as operações realizadas no processo, principalmente no que se refere à satisfação do consumidor e aos custos operacionais.

Mas o que significa uma produção avessa? Significa que o *start* de produção parte da demanda, e não da empresa – se pensarmos que uma cadeia produtiva é formada por fornecedores, manufatura e clientes, entenderemos que o processo começa pelo final, ou seja, pelo pedido do cliente.

Figura 7.1 – Fluxo de informação do sistema just in time

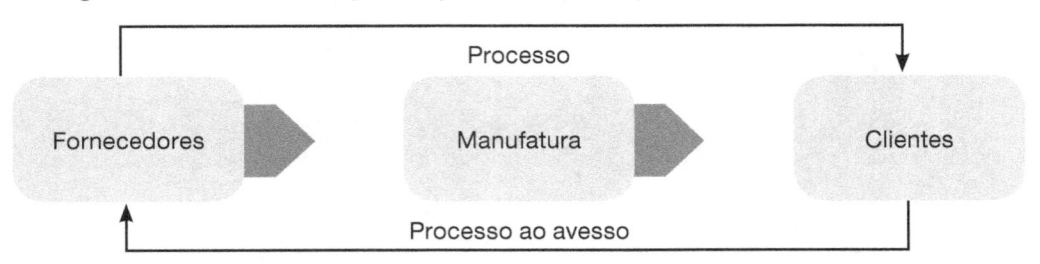

```
                        Processo
         ┌─────────────────────────────────────┐
         │                                     ▼
    Fornecedores  ▶  Manufatura  ▶  Clientes
         ▲                                     │
         └─────────────────────────────────────┘
                    Processo ao avesso
```

Para esclarecermos melhor essa filosofia, utilizaremos um exemplo trabalhado por muitos autores, a analogia do lago. Imaginemos um lago e o que se esconde por baixo dele. Um lago não é formado apenas por água, mas também por muitas pedras, algas, terra, rochas, entre outros elementos que ficam submersos. Se baixarmos o nível da água, poderemos observar todos eles; no entanto, enquanto a água estiver num nível alto, dificilmente observaremos esses elementos, exceto aqueles que estão acima desse nível, como grandes plantas e rochas.

Agora, se fizermos uma analogia desse lago com os estoques de uma empresa, perceberemos que muitas coisas podem estar mascaradas pela existência de altos níveis de estoque. Vamos considerar a água como o estoque: quanto maior for a quantidade de estoque, mais problemas ele irá mascarar. Por exemplo, problemas com produtos não conformes ou qualidade de produto não causarão impacto no processo se existirem estoques elevados.

Nesse sentido, podemos identificar 11 princípios que norteiam a filosofia JIT, descritos na sequência.

1. **Eliminação de desperdícios**

Como vimos na analogia do lago, existem muitos desperdícios na manufatura, os quais podem ser mascarados pelo próprio processo – sistema de emissão de ordens, estoques e outras práticas. Assim, vamos classificar esses desperdícios em:

   a. Superprodução: O excesso de produção, ou seja, produzir mais do que o necessário, pode gerar estoque excessivo e esconder problemas produtivos.

   b. Tempo de espera: Quando fabricamos grandes lotes que excedem a demanda, esperamos mais tempo que o necessário, e esse tempo de espera é considerado um desperdício, pois poderia ser utilizado para produzir outras peças, já com demanda.

   c. Transporte: O excesso de movimentação interna na fábrica, causado por falhas em *layout*, é considerado também um desperdício que pode atrasar os processos produtivos, pois demanda mão de obra.

   d. Processamento: O desperdício no processamento se refere àquelas operações desnecessárias e que poderiam ser eliminadas (ou compiladas em outra operação) do processo.

   e. Estoque: O estoque de material desnecessário, além de mascarar as falhas produtivas, também representa custo desnecessário.

   f. Movimento: Relaciona-se ao movimento desnecessário feito pelo colaborador, problema que pode ser minimizado com um estudo de tempos e métodos.

   g. Produtos defeituosos: Representam um desperdício financeiro, de tempo produtivo e de mão de obra, pois será necessário proceder à sua reposição ou ao seu reprocessamento.

2. **Trabalhador tomador de decisão**

O envolvimento do trabalhador é essencial para o bom funcionamento do JIT, pois é uma peça fundamental para a implementação de todas as práticas dessa filosofia. O trabalhador é inteiramente responsável pelo processo que executa. Nesse sentido, também tem autonomia para parar o processo quando visualiza uma falha, além de ter o conhecimento adequado para consertar a linha.

3. **Gestão da qualidade total**

Garantir a qualidade é uma maneira de evitar desperdícios, principalmente por produtos defeituosos que retornam para reprocesso. Nesse momento, podemos nos lembrar do conceito de qualidade total, que trabalha com os aspectos demonstrados na Figura 7.2.

Figura 7.2 – Controle da qualidade total

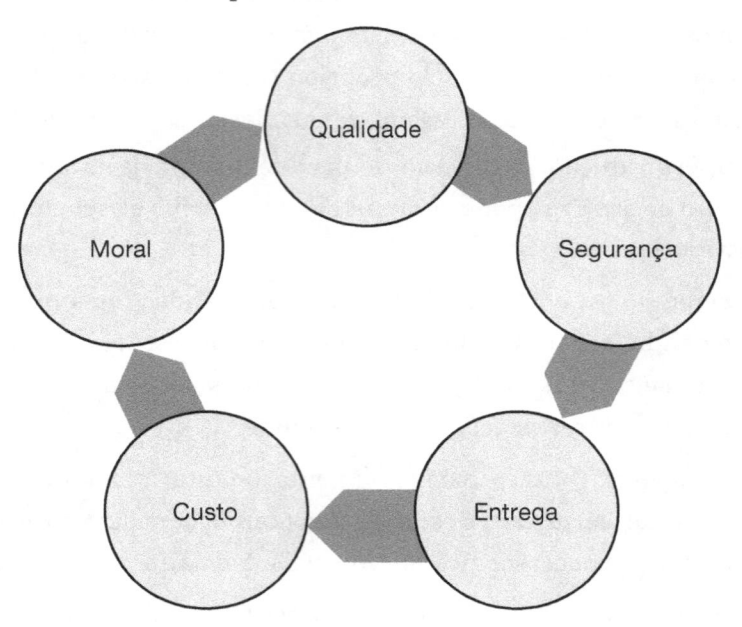

Fonte: Adaptado de Campos, 2004.

Os requisitos da qualidade total (segurança, entrega, custo, moral e qualidade) estão completamente alinhados à filosofia JIT, que emprega a redução de desperdícios e trabalha, consequentemente, com o custo. Além disso, coloca o trabalhador no ápice do sistema, considerando-o a figura responsável pelo processo: trabalha-se, assim, com requisitos morais e com segurança (para o trabalhador e para o cliente). Esse processo também reverte o fluxo das informações a fim de garantir a entrega e priorizar o cliente, com destaque para a qualidade do produto.

4. **Recebimento JIT**

Podemos dizer que esse é um dos itens de maior importância na filosofia JIT, pois é o recebimento JIT que garante a minimização dos estoques e o cumprimento dos prazos de entrega, uma vez que a produção inicia a partir do momento em que o cliente faz o pedido, evitando-se, assim, a formação de estoques. O recebimento JIT nada mais é que receber o material necessário para a produção no momento ideal: não com grande antecedência, para não ocorrer a formação de estoques, nem com atraso, para não perder o prazo de entrega. Isso só é possível com a formação de alianças com os fornecedores, pois somente eles podem garantir a entrega da matéria-prima no momento certo. Para isso, muitas empresas levam seus fornecedores para dentro de seus pátios fabris, reforçando, assim, o compromisso com eles.

5. **Melhoria contínua**

Esse aspecto também está relacionado com a gestão da qualidade, com o uso de ferramentas da qualidade e com o envolvimento dos colaboradores, com destaque para a necessidade de promover melhorias no processo continuamente – em geral, pequenas melhorias promovidas pela análise contínua do processo.

6. **Ferramentas de controle da qualidade**

A utilização das ferramentas do CEP (controle estatístico de processos), como o diagrama de causa e efeito e as cartas de controle, pode garantir a avaliação adequada do processo e a identificação de problemas e propostas de solução. Fica garantida, assim, a qualidade total do processo.

7. **Projeto voltado ao JIT**

A ideia de simplificação do processo, uso eficiente das informações e redução de desperdícios requer o uso de três técnicas: (i) projeto modular, que tem o intuito de reduzir os *inputs* do processo e desenvolver produtos modulares, ou seja, vários produtos que utilizam os mesmos componentes ou uma mescla destes para a produção de uma diversidade de produtos; (ii) projeto voltando à simplificação, ou seja, produtos de processos simples e montagem fácil; (iii) projeto voltado à automação, que implica o desenvolvimento de produtos que possam ser facilmente adaptáveis a uma futura automação do processo.

8. **Manutenção produtiva total**

É a ferramenta que visa garantir o bom funcionamento do processo com vistas à eliminação de paradas por quebra de máquina.

9. **Trabalhador multifuncional**

Nesse aspecto, prioriza-se o desenvolvimento de diversas habilidades nos colaboradores, para que possam desempenhar diferentes funções no processo, podendo haver intercambiabilidade de funções entre eles.

10. **Fábricas focalizadas**

A focalização significa especialidade, ou seja, num mesmo pátio fabril podem existir diversas pequenas fábricas focalizadas, em vez de somente uma grande fábrica produzindo diversos produtos. As vantagens de trabalhar com as fábricas focalizadas podem ser observadas na facilidade de administração, nos custos produtivos, no maquinário mais simples, nas decisões simplificadas, nos menores riscos, entre outros aspectos.

11. ***Layout***

O *layout* de fábricas que adotam a filosofia enxuta tende a ser caracterizado por processos em torno do colaborador com o intuito de minimizar a movimentação do trabalhador, acelerar o processo, garantir o fluxo contínuo de produção, reduzir os estoques, promover a qualidade de vida e a segurança do funcionário, além de minimizar os custos produtivos.

7.2 Práticas de trabalho

Na manufatura enxuta, podemos destacar algumas práticas de trabalho que promovem diferenças no processo de maneira geral:
- disciplina;
- flexibilidade;
- igualdade;
- autonomia;
- desenvolvimento pessoal;
- qualidade de vida no trabalho;
- criatividade;
- envolvimento total dos trabalhadores.

A **disciplina** no trabalho é a garantia de que o processo será realizado conforme um padrão previamente estabelecido para a geração de melhores resultados, além de assegurar o envolvimento e a responsabilidade dos colaboradores, com destaque para a **autonomia** que os funcionários têm sobre o processo. Nesse sentido, a empresa deve privilegiar a **igualdade** entre todos, em prol de um ambiente de trabalho saudável e justo. A **flexibilidade** refere-se à estrutura de produção, que deve ser capaz de ser moldada de acordo com a necessidade do consumidor, tanto em quantidade como em especificidade de produtos. Na manufatura enxuta, o colaborador é considerado figura essencial para o bom funcionamento dos processos, razão pela qual se prioriza o **desenvolvimento pessoal** por meio de capacitações com o objetivo de que os colaboradores desempenhem multifunções. Procura-se promover o **envolvimento dos trabalhadores**, inclusive no desenvolvimento de novos processos e produtos, por meio do estimulo à **criatividade**, bem como garantir a segurança e a **qualidade de vida no trabalho**.

7.3 JIT *versus* abordagem tradicional

Segundo Corrêa e Corrêa (2009), o disparo de produção nos sistemas tradicionais e nos puxados tem características diferentes, conforme destacado no Quadro 7.1.

Quadro 7.1 – Razões para disparo de produção

Modelo tradicional	Modelo puxado
Disponibilidade de material.	Sinal vindo da demanda (quadro *kanban*).
Disponibilidade dos recursos necessários.	Disponibilidade de equipamento.
Existência de uma grande ordem de produção, gerada por algum sistema centralizado que, a partir de previsões de demanda, elaborou programas de produção baseados nas estruturas dos produtos.	Disponibilidade de material.

Fonte: Adaptado de Corrêa; Corrêa, 2009.

No sistema tradicional de produção, o fato de haver material e máquina disponível para produção já é o suficiente para dar início ao processo, diferentemente do que ocorre no processo enxuto, em que a produção se inicia após o recebimento de pedido do cliente. Além disso, no sistema tradicional, as ordens de produção são geradas via sistema, que utiliza dados de vendas passadas para fazer o cálculo da previsão de demanda e a programação da produção. Já na produção enxuta, a ordem de produção é visual, via painel *kanban*, por meio de cores e cartões que sinalizam a necessidade de produção.

7.4 Kanban

A palavra *kanban* significa "cartão": esse é o sinalizador visual de que se necessita para produzir determinada peça. Os cartões ficam em um painel, de onde são retirados somente para acompanhar os contêineres com as peças produzidas. As regras gerais para o funcionamento do sistema *kanban* são destacadas abaixo.

Regras para o sistema *kanban*

1. Cada contêiner deve ter um cartão.
2. A linha de montagem sempre retira materiais da célula de fabricação, que nunca introduz peças na linha de montagem porque, cedo ou tarde, peças que ainda não são necessárias para a produção serão fornecidas.
3. Os contêineres de peças nunca devem ser removidos de uma área de armazenamento sem que um *kanban* tenha sido afixado no primeiro painel.
4. Os contêineres devem sempre conter o mesmo número de peças boas. O uso de contêineres não padronizados ou preenchidos irregularmente interrompe o fluxo de produção da linha de montagem.
5. Apenas peças não defeituosas devem ser passadas ao longo da linha de montagem, para se fazer o melhor uso dos materiais e do tempo do trabalhador. Essa regra reforça a noção de se desenvolver qualidade na origem, que é uma característica importante dos sistemas de produção enxuta.
6. A produção total não deve exceder a quantidade total autorizada nos *kanbans* do sistema.

Fonte: Adaptado de Krajewski et al., 2009.

No sistema *kanban*, podem ser utilizados cartões de fornecedor e de requisição interna (alguns sistemas podem utilizar os dois cartões). As informações que devem necessariamente estar contidas em cada cartão precisam esclarecer a origem e o destino do material, a quantidade e o código do produto. Nas figuras 7.3 e 7.4, exemplificamos os *kanbans* de fornecedor e de requisição interna, respectivamente.

Figura 7.3 – Kanban *de fornecedor*

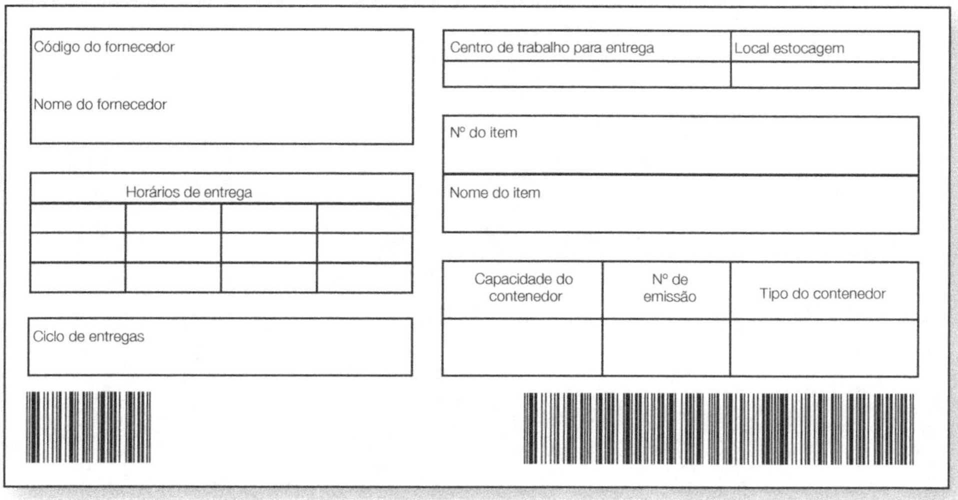

Fonte: Tubino, 2000, p. 198.

Figura 7.4 – Kanban *de requisição interna*

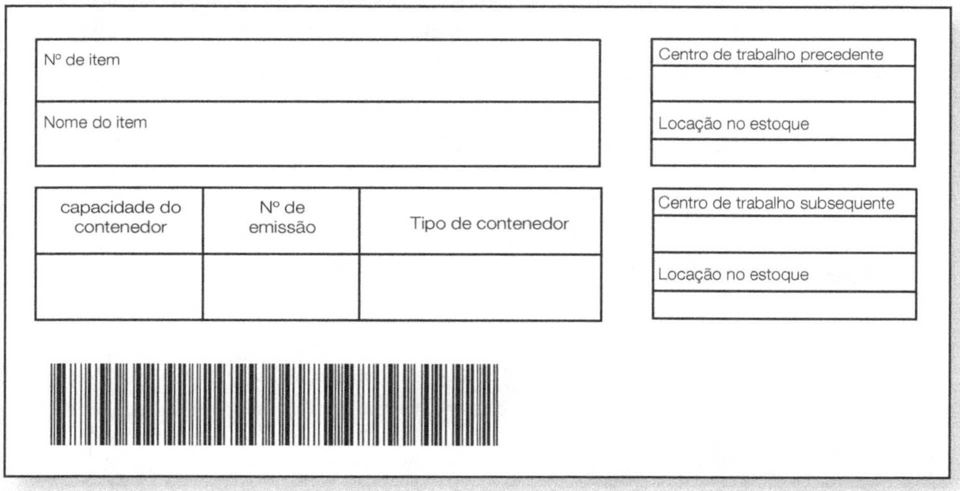

Fonte: Tubino, 2000, p. 199.

Os *kanbans* são mantidos em painéis, os quais também podem ser chamados de *porta-kanbans*, e apresentam uma característica interessante, que é a inserção de cores para destacar a prioridade de produção. As cores utilizadas são: vermelho, que representa urgência de produção; amarelo, que indica atenção; verde, que representa as condições normais de operação. Na Figura 7.5, temos a representação de painel *kanban*, lembrando que ele também pode ser representado por um painel digital ou um painel físico, entre outros tipos.

Figura 7.5 – Painel kanban

Peça 1	Peça 2	Peça 3	Peça 4	Peça n
		Vermelho		Vermelho	← Urgência
Vermelho		Amarelo	Vermelho	Amarelo	← Atenção
Amarelo	Vermelho	Verde	Amarelo	Verde
Verde	Amarelo	Verde	Verde	Verde	← Condições normais de operação
Verde	Verde	Verde	Verde	Verde
Verde	Verde	Verde	Verde	Verde

Fonte: Adaptado de Tubino, 2000, p. 201.

A dinâmica do funcionamento do sistema *kanban* com dois cartões, o de fornecedor e o de requisição interna, está representada na Figura 7.6.

Figura 7.6 – Dinâmica do sistema kanban *com dois cartões*

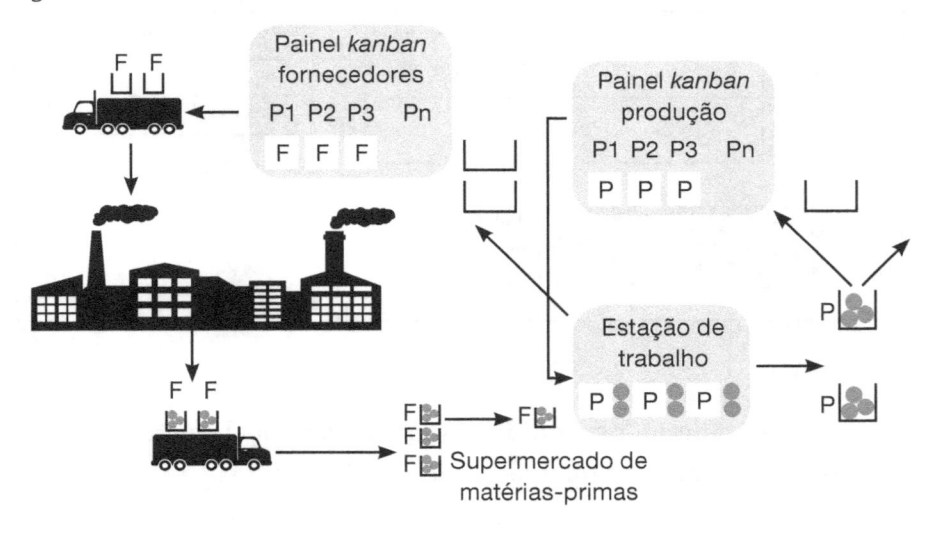

Fonte: Adaptado de Tubino, 2000, p. 208.

De acordo com a Figura 7.6, o processo tem início no painel *kanban* de produção (cartões P) no momento em que se retira um cartão para dar início à produção na estação de trabalho, a qual também retira a matéria-prima. A estação de trabalho, ao utilizar a matéria-prima, devolve o cartão de fornecedor (F) para o painel *kanban* de fornecedor, o qual identificará via painel a necessidade de produção e entrega de novas matérias-primas. Assim que as peças são finalizadas, a estação de trabalho as envia para o próximo setor acompanhadas do *kanban* de produção (P). O setor que utilizar as peças deve recolocar o *kanban* de produção no painel para que a gestão de trabalho identifique a necessidade de produção.

Para determinar a quantidade de *kanbans*, é utilizada a seguinte equação:

$$Nk = \left(\frac{D}{Q} \times T_{prod}(1 + s)\right) + \left(\frac{D}{Q} \times T_{mov}(1 + s)\right)$$

Em que:
- D é a demanda média diária;
- Q é a capacidade do contenedor;
- T é o tempo total para completar um ciclo produtivo (ou para a movimentação em um circuito) expresso em fração diária;
- s é o fator de segurança (em percentual do dia);
- Nk é o número de cartões.

O primeiro lado da equação se refere aos cartões de produção, e o segundo lado diz respeito aos cartões de movimentação.

Exemplo 1

Vamos calcular quantos cartões são necessários diariamente numa empresa que produz em média 600 unidades de determinado produto por dia, com uma jornada de trabalho de 8 horas, considerando que o *setup* leva em torno de 30 (0,5 hora) minutos e o tempo de movimentação é de 0,25 do dia. Se cada contêiner comporta 30 unidades e o fator de segurança é de 5%, quantos cartões de produção e movimentação são necessários diariamente?

$$Nk = \left(\frac{600}{30} \times 0,5 \,(1 + 0,05)\right) + \left(\frac{600}{30} \times 0,25 \,(1 + 0,05)\right)$$

$Nk = 10,5 + 5,25$

Ou seja, serão necessários 11 cartões de produção e mais 6 *kanbans* de movimentação para esse caso.

7.5 Teoria das restrições

A teoria das restrições advém do conceito do OPT (*Optimized Production Technology*), uma técnica de gestão de operações desenvolvida por um grupo de pesquisadores, entre eles o físico Eliyahu Goldratt, escritor do livro *A meta*, no qual estão descritos os princípios da TOC (*Theory of Constrains*).

Para entendermos tais princípios, precisamos, antes, entender o objeto do OPT, que tem como principal objetivo obter lucro, isto é, "ganhar dinheiro". Para atingir esse objetivo, sugerem-se três ações:

- **aumentar o ganho** que advém de materiais que passam pela fábrica (aqui a referência é ao fluxo de produtos vendidos; os produtos feitos, mas ainda não vendidos, são considerados estoque);
- **reduzir os estoques**, representados pelo valor da matéria-prima empregada na transformação do produto;
- **reduzir as despesas operacionais**, considerando-se o dinheiro que o sistema gasta para transformar estoque em ganho.

Para o bom entendimento dos princípios da TOC, temos de levar em conta a existência de dois recursos: os que representam restrição de capacidade, também chamados de *gargalos*, e os não restritivos, que são os denominados *não gargalos*.

7.5.1 Princípios

Apresentamos, na sequência, os 11 princípios-chave para entendermos a teoria das restrições.

Princípio 1 – Balanceie o fluxo e não a capacidade.

Para exclarecemos o primeiro princípio, vamos trabalhar com um exemplo de Tubino (2000), que relaciona os recursos gargalos em quatro diferentes momentos.

Figura 7.7 – Tipos de relacionamento entre gargalos e não gargalos

Tipo 1: Gargalo → Não gargalo

Tipo 2: Não gargalo → Gargalo

Tipo 3: Gargalo e Não gargalo → Montagem

Tipo 4: Gargalo e Não gargalo (atendem diretamente à demanda)

Fonte: Adaptado de Corrêa; Corrêa, 2009.

Na Figura 7.7, o Tipo 1 demonstra um cenário produtivo em que o fluxo produtivo sai do recurso gargalo (que pode ser máquina, mão de obra, transporte, espaço etc.) e vai para o recurso não gargalo. Nesse exemplo, o fluxo é ditado pelo recurso gargalo, pois, por mais que o recurso não gargalo tenha maior capacidade, ela não será utilizada, pois é a chegada de material que ditará a velocidade. No Tipo 2, está invertida, ou seja, o fluxo vai do recurso não gargalo para o gargalo. Nesse caso, se o recurso não gargalo tiver maior capacidade produtiva e toda ela estiver ativada, certamente haverá formação de estoque, ou seja, na entrada do recurso gargalo. No Tipo 3, os dois recursos, gargalo e não gargalo, enviam material para a montagem. O fluxo de saída da montagem também será ditado pelo gargalo, pois, mesmo que o recurso não gargalo envie um fluxo maior, a montagem ainda precisará aguardar o recurso gargalo. Por último, temos o exemplo Tipo 4, em que o recurso gargalo e o não gargalo atendem diretamente à demanda (Tubino, 2000).

Com esses diferentes cenários, podemos entender o primeiro princípio da teoria das restrições: devemos balancear o fluxo e não a capacidade, pois, se considerarmos toda a capacidade, de gargalo e não gargalo, em algum momento haverá formação de estoques, o que acarretará custos desnecessários, uma vez que consideramos o estoque como um capital parado.

Princípio 2 – A utilização de um recurso não gargalo não é determinada por sua disponibilidade, mas por alguma outra restrição do sistema (por exemplo, um gargalo).

Observando os exemplos da Figura 7.7, seguimos com a ideia de que o fluxo produtivo será determinado pelo recurso gargalo, pois, se utilizarmos toda a disponibilidade (que também podemos entender como capacidade) do recurso não gargalo, haverá formação de estoque entre processos no Tipo 2. Já no Tipo 1 deixaremos um recurso não gargalo 100% para atender a um recurso gargalo, ou seja, deixaremos de aproveitá-lo em outro processo.

Aqui, portanto, devemos entender que existe diferença entre ativar e utilizar um recurso.

Princípio 3 – Utilização e ativação de um recurso não são sinônimos.

Ativar um recurso não gargalo além do necessário não tem serventia. Em muitos casos, as empresas ativam 100% de seus recursos sem um estudo prévio da real necessidade da disponibilidade de cada recurso e acabam por gerar estoques desnecessários. Há uma certa ilusão de que estão aproveitando o máximo do sistema produtivo, enquanto, na verdade, não estão utilizando o sistema de forma consciente.

Princípio 4 – Uma hora ganha num recurso gargalo é uma hora ganha para o sistema global.

Para esclarecermos esse princípio, utilizaremos a Figura 7.8.

Figura 7.8 – Componentes do tempo disponível dos recursos gargalo e não gargalo.

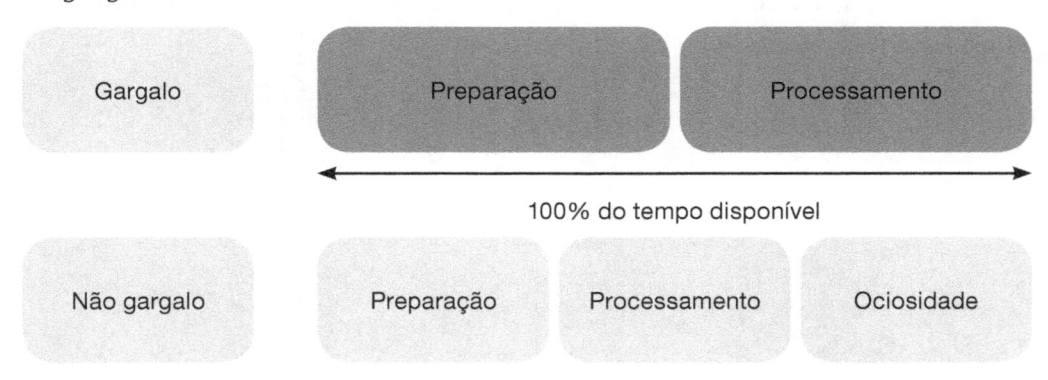

Fonte: Corrêa; Corrêa, 2009, p. 36.

Analisando a Figura 7.8, podemos observar que, ao ativarmos 100% dos recursos gargalo e não gargalo, estaremos realmente utilizando o recurso gargalo em sua totalidade para o processamento; no entanto, o recurso não gargalo refere-se à maior capacidade de processamento, ou seja, utiliza menos tempo para o mesmo processamento. Dessa forma, parte de sua ativação fica ociosa, representando recurso parado (ou, sob outra ótica, capital parado).

Assim, podemos entender mais claramente o que diz o quarto princípio. Observando a Figura 7.8, vemo que, se aumentarmos uma hora do recurso gargalo, aumentaremos uma hora de produção. Transportando essa hora para o recurso não gargalo, utilizaremos uma hora do tempo em que o recurso estaria ocioso. E isso é bom? Claro, pois uma hora ganha num recurso gargalo é uma hora ganha para o sistema global.

Mantendo esse mesmo exemplo, podemos partir para o próximo princípio.

Princípio 5 – Uma hora ganha num recurso não gargalo não é nada, é apenas uma miragem.

Ainda considerando a Figura 7.8, mas agora olhando para a barra de trabalho do recurso não gargalo, se aumentarmos uma hora da produção, também utilizaremos o tempo em que o recurso estaria ocioso, no entanto não conseguiremos aumentar a ativação do recurso gargalo, pois ele já está 100% ativado. Ou seja, uma hora ganha no recurso não gargalo não é nada, é apenas uma miragem. Por mais que nesse momento isso pareça óbvio, muitas vezes passamos por cima desse entendimento e produzimos mais do que o necessário simplesmente por ativar 100% um recurso não gargalo, talvez na ilusão de que, para aumentarmos a produção, precisamos ativar 100% de todos os recursos.

Você deve estar se perguntando neste momento: como ganhar uma hora do recurso gargalo? Uma alternativa é trabalhar com o *setup* (preparação de máquina). Se conseguiremos reduzir o tempo de preparação de máquina, automaticamente conseguiremos aumentar o tempo disponível para processamento. O conceito da troca rápida de ferramenta (TRF) é uma ótima ideia para aplicarmos neste momento, transformando o *setup* interno (ajustes que devemos fazer com a máquina/ou recurso parado) em *setup* externo (ajustes que podemos fazer com a máquina/recurso trabalhando).

Princípio 6 – O lote de transferência pode não ser e, frequentemente, não deveria ser igual ao lote de processamento.

O sexto princípio trata dos lotes de transferência, que comumente são os mesmos de processamento. Dessa forma, imaginando que um material passe por dois processos (P1 e P2), a primeira peça a ser processada na operação P2 somente entrará em curso quando sair a última peça da operação P1, pois o lote de processamento é o mesmo de transferência, ou seja, o lote só vai para a operação P2 quando todo o lote for processado por P1. E o que há de errado? A operação P2 ficará parada até receber o lote para processamento. Essa explicação está demostrada na Figura 7.9.

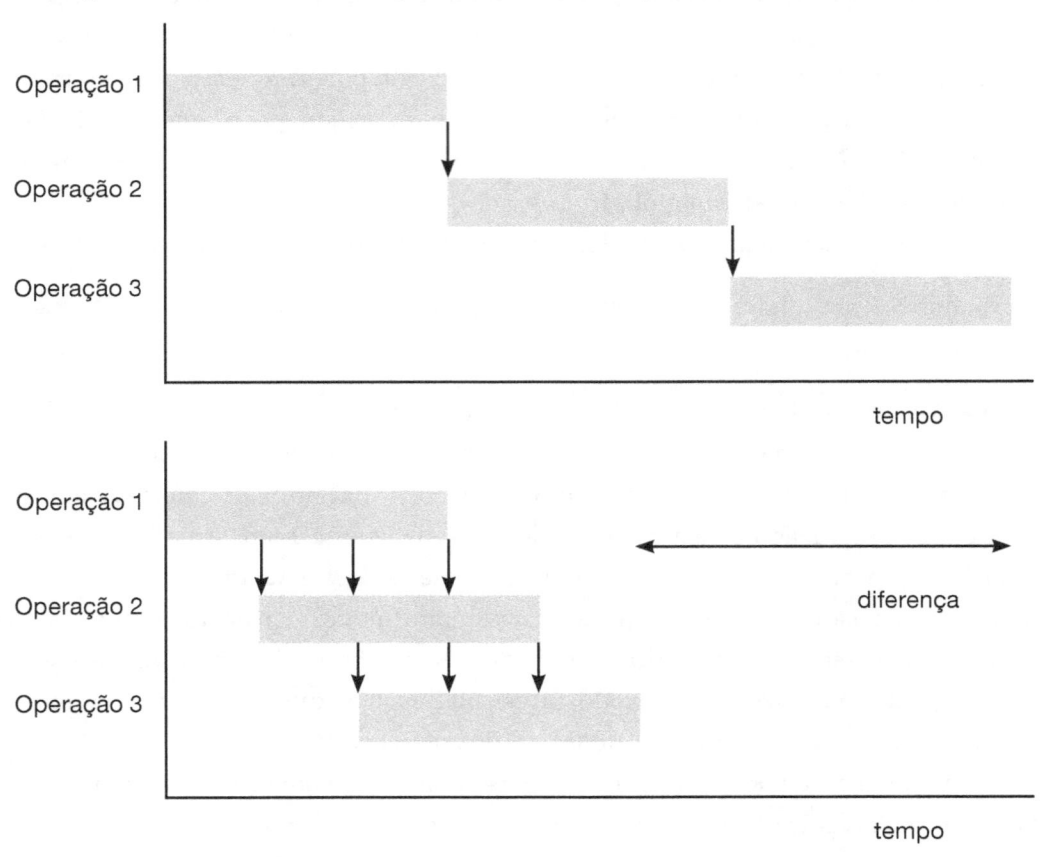

Figura 7.9 – Lotes de transferência e lotes de processamento

Fonte: Corrêa; Corrêa, 2009, p. 319.

Pela Figura 7.9, podemos observar claramente que a utilização de lotes de transferência menores pode otimizar o tempo de processamento. Considerando esse pensamento, aproveitamos para entender o sétimo princípio.

Princípio 7 – O lote de processamento deve ser variável, e não fixo.

Os lotes de processamento devem estar de acordo com o recurso. Isto é, no recurso gargalo, os lotes devem buscar diluir o tempo de *setup* e no recurso não gargalo, devem ser os menores possíveis, a fim de que seja possível os custos com estoque em processo e aumentar o fluxo de produção.

Princípio 8 – Os gargalos não só determinam o fluxo do sistema, mas também definem seus estoques.

O oitavo princípio se refere ao fluxo do sistema, que, por sua vez, é determinado pelo recurso gargalo, pois ele é o limitante da capacidade. O sistema como um todo deve ser projetado a fim de maximizar a utilização da capacidade do recurso gargalo. Para isso, muitas vezes é necessário a projeção de estoques entre processos, para que abasteçam as operações gargalos e evitem paralisações no fluxo produtivo, projetando, assim, estoques de segurança.

Princípio 9 – A programação de atividades e a capacidade produtiva devem ser consideradas simultâneas, e não em sequência. *Lead times* são um resultado da programação e não podem ser assumidos *a priori*.

Considerar a capacidade produtiva simultânea implica imaginar que as máquinas (ou recursos) seriam utilizadas simultaneamente. E como isso seria possível? Usando pequenos lotes de transferência e mantendo fluxo ativo de produção.

De acordo com o nono princípio, ao fazermos uma programação de produção, precisamos considerar a capacidade produtiva simultânea, diferentemente do caso do MRP, que utiliza uma programação sequencial. Também podemos visualizar esse princípio na Figura 7.9

Princípio 10 – A soma dos ótimos locais não é igual ao ótimo global.

Para Tubino (2000), esse princípio é uma síntese de todos os outros, ou seja, as soluções para o sistema devem ser pensadas de maneira global, considerando-se o sistema como um todo, pois nem sempre as pequenas soluções locais, para um grupo de operações, podem representar uma solução ótima para o sistema, ainda mais se tais operações não forem recursos gargalos – aí sim teremos uma miragem.

Fernandes e Godinho Filho (2010), por sua vez, destacam um último princípio, o décimo primeiro.

Princípio 11 – A sistemática TOC sempre deve ser usada para melhorar o desempenho de um sistema produtivo.

Mais uma vez, neste último princípio, podemos observar o destaque para o melhoramento do sistema e não apenas de uma operação.

7.5.2 Etapas de aplicação dos princípios

Para que os princípios descritos anteriormente sejam materializados, Fernandes e Godinho Filho (2010) sugerem a aplicação de cinco etapas, a saber.

1. **Identificar a restrição do sistema**: O primeiro passo é identificar o recurso gargalo do sistema. Quem é o limitador?

2. **Decidir como explorar a restrição do sistema**: Uma vez identificado o recurso gargalo, é preciso estudá-lo em seus pequenos detalhes para que se possa visualizar uma possível exploração desse recurso.

3. **Sujeitar todas as decisões em função do passo 2**: Todas as decisões tomadas devem estar em função do passo anterior, ou seja, do estudo para a melhoria do recurso gargalo, pois afinal, como reza o Princípio 4, uma hora ganha no recurso gargalo é uma hora para o sistema.

4. **Melhorar o desempenho da restrição**: As medidas tomadas em função do recurso gargalo, que podem ser em torno do *setup*, da matéria-prima, dos fornecedores, do operacional, entre outras referências, devem provocar um aumento de desempenho nesse recurso restritivo.

5. **Retornar ao passo 1 se no passo anterior for possível eliminar a restrição**: Caso se atinja o objetivo inicial – aumentar o desempenho do sistema por meio do estudo do recurso gargalo –, o processo funcionará como um ciclo, pois, nesse momento, um novo recurso restritivo surgirá no sistema: volta-se, assim, ao primeiro passo.

Exemplo 2

Imagine que você trabalha em uma empresa que produz dois tipos de produto, A e B, cujas demandas são de 150 unidades/dia e 250 unidades/dia, respectivamente. Ambos passam pelas operações X e Y e têm preço de venda de, respectivamente, R$ 100,00 (A) e R$ 80,00 (B). Considerando a Figura 7.10, que apresenta a utilização da capacidade produtiva de cada produto, aplique a teoria de restrições no processo.

Figura 7.10 – Exemplo 1

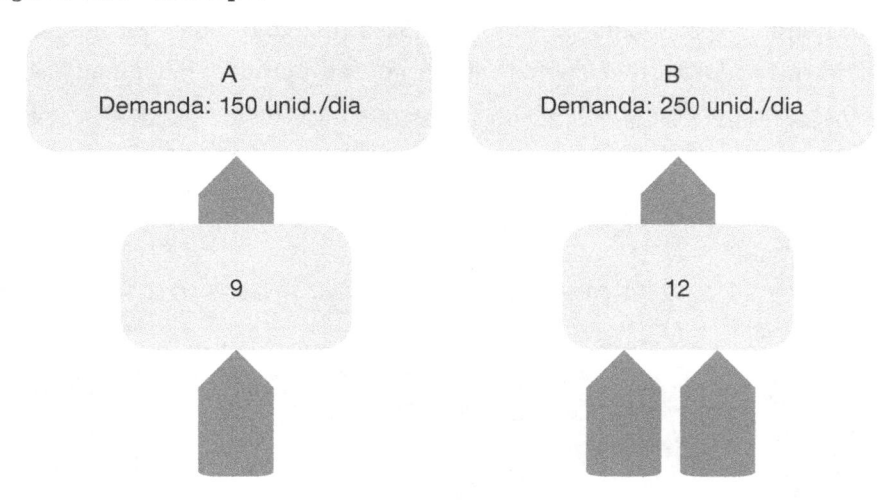

Na Figura 7.10, observamos que o produto A passa pelo processo Y por 12 minutos e, sequencialmente, pelo processo X durante nove 9 minutos. A matéria-prima que compõe esse produto custa R$ 15,00, e ele é formado por dois tipos de matéria-prima (1 e 2), as quais passam pela operação Y por, respectivamente, 6 e 8 minutos. Em seguida, passa pelo processo X por 11 minutos.

1º passo – **Identificar a restrição do sistema**

Matéria-prima 1	Matéria-prima 2	Matéria-prima 3
R$ 15,00	R$ 12,00	R$ 8,00

Para isso, verificaremos a carga de trabalho de cada operação, sintetizadas na Tabela 7.1.

Tabela 7.1 – Cálculo das cargas de trabalho nas operações

Operação	Minutos utilizados por semana para processar uma unidade		Minutos utilizados por semana para processar a demanda total		Carga total semanal necessária (minutos)	Minutos disponíveis por semana	Utilização do centro de operação
	Produto A	Produto B	Produto A	Produto B			
X	9	11	1.350	2.750	4.100	4.800	85%
Y	12	14	1.800	3.500	5.300	4.800	110%

Analisando a Tabela 7.1, podemos perceber que a operação Y representa o gargalo do sistema de produção, ou seja, é a nossa restrição. Antes de buscarmos a equalização da produção, precisamos entender qual é o produto fundamental, ou seja, aquele que tem maior contribuição financeira e não pode faltar no mercado. Para isso, utilizaremos os valores de matéria-prima, demanda e produto final.

2º passo – **Decidir como explorar a restrição**

Tabela 7.2 – Cálculo da contribuição por unidade da restrição de cada produto

	Produto A	Produto B
Preço	R$ 100,00	R$ 80,00
Valor da matéria-prima	R$ 15,00	R$ 20,00
% de contribuição	R$ 85,00	R$ 60,00
Tempo gasto na operação gargalo	12 minutos	14 minutos
Contribuição por minuto utilizado no gargalo	7,08	4,2

A Tabela 7.2 nos mostra que o produto A é o que tem maior percentual de contribuição (R$ 85,00 por produto) e também é o que utiliza a operação gargalo por menos tempo. Dessa forma, podemos concluir que esse produto não pode faltar na produção e deve ter prioridade na programação da produção, de tal forma que devemos programar a quantidade necessária de A (para atender à demanda) e utilizar o tempo restante para a produção de B, equalizando a produção.

Tabela 7.3 – Equalização de cargas

Operação	Minutos utilizados por semana para processar uma unidade		Minutos utilizados por semana para processar a demanda total		Carga total semanal necessária (minutos)	Minutos disponíveis por semana	Utilização do centro de operação
	Produto A	Produto B	Produto A	Produto B			
X	9	11	1.350	2.750	4.100	4.800	85%
Y	12	14	1.800	2.996	4.796	4.800	99,9%

Equalizando a produção, o ideal seria produzir o máximo do produto A, ou seja, 150 unidades diárias, para atender à demanda e com o tempo restante produzir o produto B, ou seja, 214 unidades. Ainda assim, ficariam faltando 36 unidades do produto B.

3º passo – **Sujeitar todas as decisões em função do passo 2**

Esse passo sugere que todas as decisões tomadas no passo anterior devem ser feitas de acordo com a nova equalização de produção. Ou seja, reduzindo o valor da produção, precisamos mudar a programação de matéria-prima, promessa de prazo, programação, entre outras decisões.

4º passo – **Melhorar o desempenho da restrição**

Nesse momento, lembrando que ainda faltarão algumas unidades do produto B para atender à demanda, precisamos estudar possibilidades de aumentar a disponibilidade da restrição. Algumas alternativas são: reduzir o tempo de preparação de máquina e de paradas de máquina, escalar turnos de hora extra, de modo a evitar que a máquina pare, mesmo para o almoço, entre outras possíveis decisões.

5º passo – **Retornar ao passo 1 se no passo anterior for possível eliminar a restrição**

Uma vez que tenhamos atingido o objetivo inicial – eliminar um gargalo produtivo – devemos voltar ao sistema e procurar o novo gargalo.

■ Síntese

A Figura 7.11 sintetiza o conceito de *just in time* (JIT), examinado neste capítulo.

Figura 7.11 – Síntese do JIT

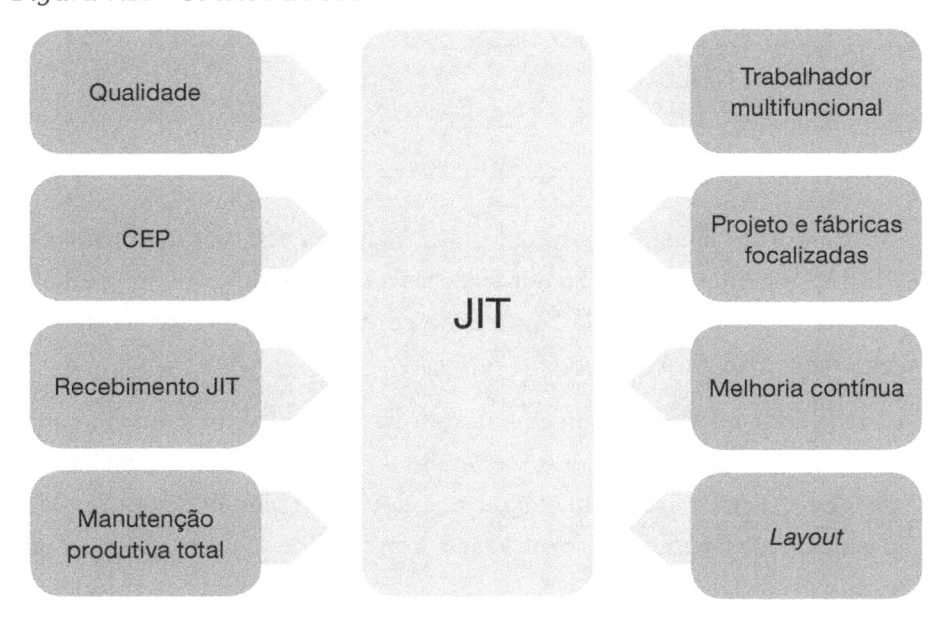

Destacamos, a seguir, os princípios da teoria das restrições, um conceito também muito importante na engenharia de produção, além de ser altamente aplicável.

Princípios do OPT
1. Balanceie o fluxo, e não a capacidade.
2. A utilização de um recurso não gargalo não é determinada por sua disponibilidade, mas por alguma outra restrição do sistema (por exemplo, um gargalo).
3. Utilização e ativação de um recurso não são sinônimos.
4. Uma hora ganha num recurso gargalo é uma hora ganha para o sistema global.
5. Uma hora ganha num recurso não gargalo não é nada, é só uma miragem.
6. O lote de transferência pode não ser e, frequentemente não deveria ser igual ao lote de processamento.
7. O lote de processamento deve ser variável, e não fixo.
8. Os gargalos não só determinam o fluxo do sistema todo, mas também definem seus estoques.
9. A programação de atividades e a capacidade produtiva devem ser consideradas simultâneas, e não sequenciais. *Lead times* são um resultado da programação e não podem ser assumidos *a priori*.
10. A soma dos ótimos locais não é igual ao ótimo global.
11. A sistemática TOC deve sempre ser usada para melhorar o desempenho de um sistema produtivo.

Fonte: Adaptado de Corrêa; Corrêa, 2009.

■ Questões para revisão

1. Uma empresa deseja produzir 1.000 peças com um turno de trabalho de 8h/dia, considerando que o tempo de *setup* é de 30 minutos. Se a eficiência do posto de trabalho é de 95% e cada contenedor tem a capacidade para 20 peças, calcule o número de *kanbans*.

2. Considere que a demanda diária de um determinado produto seja 800 unidades e que seu processo se repete 8 vezes durante o dia (com turno de 8 horas), além de 5 viagens para a movimentação do produto. Calcule o número de *kanbans* de produção e *kanbans* de movimentação considerando uma eficiência de 90%, 5% de segurança do sistema e contenedores com capacidade para 10 unidades.

3. Uma empresa automobilística monta 200 painéis elétricos por hora com um *lead time* de 15 minutos e um turno de 8 horas diárias de trabalho.

Calcule o número de *kanbans* necessários considerando um fator de segurança de 15% e contenedores com capacidade para 25 painéis.

4. Utilizando os dados do exercício 3, determine o número de *kanbans* para as seguintes situações:

    a. Aumento da demanda para 320 painéis por hora.
    b. Redução do fator de segurança para 5%.
    c. Redução da capacidade do contêiner para 10 unidades.
    d. Aumento do *lead time* para 30 minutos.

5. Uma empresa produz dois tipos de produto, P1 e P2, cujas demandas são de 130 unidades/dia e 150 unidades/dia, respectivamente. Ambos passam pelas operações X e Y e têm preço de venda de R$ 80,00 (P1) e R$ 65,00 (P2). Considerando a figura abaixo, com a utilização da capacidade produtiva de cada produto, aplique a teoria das restrições no processo.

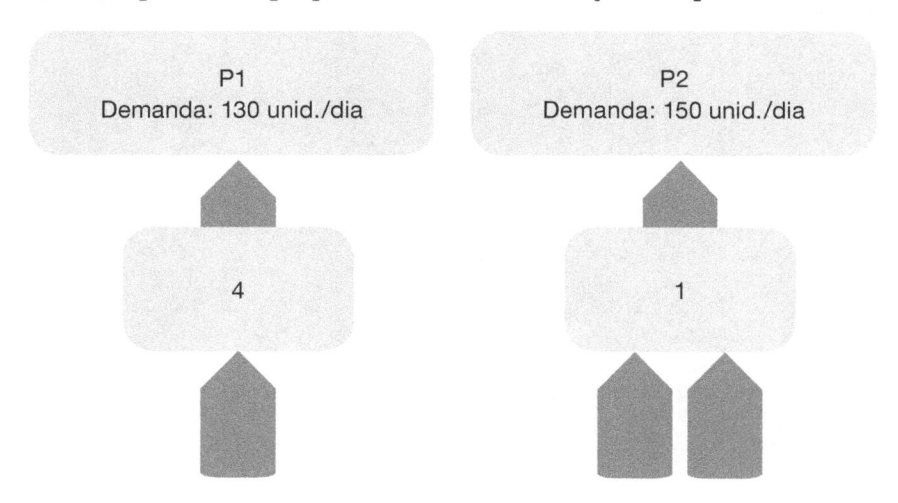

Aplique os três primeiros passos da teoria das restrições e decida o *mix* de produção.

■ Questões para reflexão ──────────────────────

1. Trace uma linha de contraste entre os sistemas tradicional e puxado.

2. Como podemos relacionar a filosofia *just in time* (JIT) e a teoria das restrições?

3. Quais são as implicações de nivelar a produção de acordo com a capacidade existente?

4. Por que é importante identificar o gargalo produtivo?
5. O cálculo de *kanbans* é relativamente fácil. O que poderíamos dizer sobre sua implementação?

■ Para saber mais

Para aprofundar seus estudos nos assuntos deste capítulo, sugerimos a leitura dos textos abaixo.

BOWEN, H. K.; SPEAR, S. Decoding the DNA of the Toyota Production System. **Harvard Business Review**, sept./oct. 1999. Disponível em: <https://hbr.org/1999/09/decoding-the-dna-of-the-toyota-production-system>. Acesso em: 15 mar. 2015.

MONDEN, Y. **Toyota Production System**: an Integrated Approach to Just in Time. New York: CRC Press, 2012.

[para concluir...]

Esta obra teve como principal objetivo apresentar os principais conceitos relacionados ao processo de planejamento, programação e controle da produção (PPCP), bem como exemplos de aplicação desse modelo.

Para tanto, inicialmente buscamos conceituar os sistemas de produção, apresentando sua evolução e tendências. Em seguida, tratamos da previsão de demanda, que é o cálculo-chave de todos os módulos que compõem a estrutura do PPCP. Apresentamos também os conceitos e tipos de capacidade, assim como seu direcionamento nos diferentes horizontes de tempo.

Os conteúdos relativos á previsão de demanda e ao cálculo de capacidade permitem a compreensão e elaboração do plano agregado de produção, do plano mestre de produção, da programação da produção e do cálculo da necessidade de materiais (MRP), temos que também foram desenvolvidos nesta obra.

Abordamos, ainda, a gestão de estoques, caracterizando-os e apresentando modelos para controle. Também discutimos a importância de manter ou não estoques, destacando vantagens e desvantagens de sua manutenção.

Por fim, tratamos do sistema *just in time* (JIT), descrevendo suas características e diferenças quanto aos modelos tradicionais, e da teoria das restrições, tema-chave no planejamento da produção.

Esperamos que, com o estudo desta obra, você seja capaz de entender os sistemas produtivos, desenvolver os planos de produção nos níveis estratégico, tático e operacional, controlar processos e maximizar a produtividade, além de minimizar as perdas produtivas, buscando, assim, um aumento de lucratividade.

[referências]

ABEPRO – Associação Brasileira de Engenharia de Produção. **Áreas e subáreas de engenharia de produção.** Rio de Janeiro, 2008. Disponível em: <http://www.abepro.org.br/interna.asp?c=362>. Acesso em: 24 mar. 2015.

BATALHA, M. O. et al. **Introdução à engenharia de produção.** Rio de Janeiro: Elsevier, 2008.

BERRY, W. L.; VOLLMANN, T. E.; WHYBARK, D. C. **Manufacturing Planning and Control Systems.** 4. ed. New York: Irwin/McGraw-Hill, 1997.

BOWEN, H. K.; SPEAR, S. Decoding the DNA of the Toyota Production System. **Harvard Business Review**, Sept./Oct. 1999. Disponível em: <https://hbr.org/1999/09/decoding-the-dna-of-the-toyota-production-system>. Acesso em: 15 mar. 2015.

CAMPOS, V. F. **TQC**: controle da qualidade total (no estilo japonês). Belo Horizonte: FDG, 2004.

CAON, M.; CORRÊA, H. L.; GIANESI, I. G. N. **Planejamento, programação e controle da produção MRP II/ERP**. 4. ed. São Paulo: Atlas, 2001.

_____. **Planejamento, programação e controle da produção MRP II/ERP**: conceitos, uso e implantação. 5. ed. São Paulo: Atlas, 2007.

_____. **Planejamento, programação e controle da produção**: MRPII/ERP – conceitos, uso e implantação base para SAP, Oracle Applications e outros softwares integrados de gestão. 5. ed. São Paulo: Atlas, 2009.

CORRÊA, H. L.; CORRÊA, C. A. **Administração de produção e operações**: manufatura e serviços – uma abordagem estratégica. São Paulo: Atlas, 2009.

CORRÊA, H. L. GIANESI, I. G. N. CAON, M. **Planejamento, programação e controle da produção**: MRP II/ ERP – Conceitos, uso e implementação Base para SAP, Oracle Applications e outros Softwares Integrados de Gestão. São Paulo: Atlas, 2009.

COX, J.; GOLDRATT, E. **The Goal**. Londres: Scheduling Technology Group, 1986.

DAVIS, M. M. **Fundamentos da administração da produção**. 3. ed. São Paulo: Bookman, 2001.

FERNANDES, F. C. F.; GODINHO FILHO, M. **Planejamento e controle da produção**: dos fundamentos ao essencial. São Paulo: Atlas, 2010.

FERNANDES, F. C. F.; GODINHO FILHO, M. Sistema de coordenação de ordens: revisão, classificação, funcionamento e aplicabilidade. **Gestão & Produção**, São Carlos, v. 14, n. 2, p. 337-352, maio/ago. 2007. Disponível em: <http://www.scielo.br/pdf/gp/v14n2/10.pdf>. Acesso em: 28 out. 2014.

FIGUEIREDO, K. F.; FLEURY, P. F.; WANKE, P. **Logística empresarial**: a perspectiva brasileira. São Paulo: Atlas, 2010.

FOGLIATTO, F. S.; PELLEGRINI, F. R. Passos para a implantação de sistemas de previsão de demanda: técnicas e estudo de caso. **Produção**, v. 11, n. 1, p.43-64, nov. 2001. Disponível em: <http://goo.gl/JGLLjO>. Acesso em: 14 mar. 2015.

FORMOSO, C. T.; GUIMARÃES, L. B. M.; SAURIN, T. A. Segurança e produção: um modelo para o planejamento e controle integrado. **Produção**, v. 12, n. 1, p.60-71, 2002. Disponível em: <http://www.scielo.br/pdf/prod/v12n1/v12n1a05>. Acesso em: 15 mar. 2015.

FRAZIER, G.; GAITHER, N. **Administração da produção e operações**. 8. ed. São Paulo: Pioneira, 2002.

FREEMAN, C.; PEREZ, C. Structural Crises of Adjustment Business Cycles and Investment Behariour. In: DOSI, G. et al. (Ed.). **Technical Change and Economic Theory**. Londres: Pinter, 1988.

GODINHO FILHO, M.; UZSOY, R. Efeito da redução do tamanho de lote de programas de melhoria contínua no estoque em processo (WIP) e na utilização: estudo utilizando uma abordagem híbrida System Dynamics – Factory Physics. **Produção**, São Paulo, v. 19, n. 1, p. 214-229, jan./abr. 2009. Disponível em: <http://www.scielo.br/scielo.php?script=sci_arttext&pid=S0103-65132009000100014>. Acesso em: 15 mar. 2015.

HARMON, R. L. **Reinventando a fábrica II**: conceitos modernos de produtividade na prática. Rio de Janeiro. Campus, 1993.

HARMON, R. L.; PETERSON, L. D. **Reinventando a fábrica**: conceitos modernos de produtividade aplicados na prática. Rio de Janeiro: Campus, 1991.

JONES, D. T.; WOMACK, J. P. **A mentalidade enxuta nas empresas**. 5. ed. Rio de Janeiro: Campus, 1998.

JUNQUEIRA, R. A. R.; MORABITO, R. Um modelo de otimização linear para o planejamento agregado de produção e logística de sementes de milho. **Produção**, São Paulo, v. 16, n. 3, p. 510-525, set./dez. 2006. Disponível em: <http://www.scielo.br/scielo.php?script=sci_arttext&pid=S0103-65132006000300012>. Acesso em: 15 mar. 205.

KRAJEWSKI, L. J.; RITZMAN, L. P. **Administração da produção e operações**. São Paulo: Prentice Hall, 2009.

LA ROVERE, R.L. Paradigmas e trajetórias tecnológicas. In: PELAEZ, V.; SZMRECSANYI, T. (Org.). **Economia da inovação tecnológica**. São Paulo: Hucitec, 2006.

LAURINDO, F. J. B.; MESQUITA, M. A. Material Requirements Planning: 25 anos de história – uma revisão do passado e prospecção do futuro. **Gestão & Produção**, v. 7, n. 3, p. 320-337, dez. 2000. Disponível em: <http://goo.gl/xcNl3q>. Acesso em: 15 mar. 2015.

MARTINS, P. G. **Administração da produção e operações**. Valinhos: Saraiva, 2009. (com suplemento para professores).

MARTINS, P. G.; LAUGENI, F. P. **Administração da produção**. São Paulo: Saraiva, 2005.

MAY, M. E. **Toyota**: a fórmula da inovação. Rio de Janeiro: Campus Elsevier, 2007.

MINTZBERG, H. **Ascensão e queda do planejamento estratégico**. Porto Alegre: Bookman, 2004.

MONDEN, Y. **Toyota Production System**: an Integrated Approach to Just in Time. New York: CRC Press, 2012.

MOREIRA, D. A. **Administração da produção e operações**. 2. ed. São Paulo: Cengage Learning, 2008.

OHNO, T. **O sistema Toyota de produção**: além da produção em larga escala. Porto Alegre: Artes Médicas, 1997.

NEUMANN, D. et al. Um novo modelo de previsão de demanda para inovações radicais. **Produção**, São Paulo, v. 24, n. 3, p. 605-617, jul./set. 2014. Disponível em: <http://goo.gl/4vPukQ>. Acesso em: 14 mar. 2015.

PEINADO, J.; GRAEML, A. R. **Administração da produção**: operações industriais e de serviços. Curitiba: Unicenp, 2007.

PERGHER, I.; PRADELLA, M.; VACCARO, G. L. Aplicação da simulação computacional para determinar a capacidade produtiva do processo de produção de pães: um estudo de caso. **Produto & Produção**, v. 14, n. 1, p. 22-39, fev. 2013. Disponível em: <http://goo.gl/Gilr6C>. Acesso em: 15 mar. 2015

PLOSSL, G. W. **Administração da produção**. São Paulo: Makron Books, 1993.

PORTER, M. E. What is Strategy? **Harvard Business Review**, Nov./ Dec. 1996. Disponível em: <https://hbr.org/1996/11/what-is-strategy>. Acesso em: 14 mar. 2015.

ROCHA, D. R. **Gestão da produção e operações**. Rio de Janeiro: Ciência Moderna, 2008.

RUSSOMANO, V. **Planejamento e acompanhamento da produção**. São Paulo, Pioneira, 1986.

SHINGO, S. **O sistema Toyota de produção**: do ponto de vista da engenharia de produção. Porto Alegre: Artes Médicas, 1996.

SLACK, N. **Administração da produção**. 2. ed. São Paulo: Atlas, 2002.

SLACK, N. et al. **Administração da produção**. São Paulo: Atlas S.A., 2009.

TIGRE, P. B. Paradigmas tecnológicos. **Estudos em Comércio Exterior**, v. 1, n. 2, jan./jun. 1997. Disponível em: <http://www.ie.ufrj.br/ecex/arquivos/paradigmas_tecnologicos.pdf >. Acesso em: 14 mar. 2015.

_____. Teorias da firma em três paradigmas. **Revista de Economia Contemporânea**, n. 3, p. 67-111, jan./jun. 1998.

TUBINO, D. F. **Manual de planejamento e controle da produção**. 2. ed. São Paulo: Atlas, 2000.

_____. **Planejamento e controle da produção**: teoria e prática. São Paulo: Atlas, 2007.

ZACCARELLI, S. B. **Programação e controle da produção**. São Paulo: Pioneira, 1982.

[respostas]

Capítulo 1

■ Questões para revisão

1. *Inputs*: cliente, manicure, cabeleireira, escova de cabelo, esmaltes, energia elétrica, água, produtos para cabelo, alicate de unhas, tesoura etc. Processos de transformação: corte, escova e tingimento de cabelo, pintura de unhas. *Outputs*: cabelo pintado, cortado e escovado, unhas pintadas.

2. Hospital: cirurgia, atendimento clínico, exames laboratoriais, procedimentos de emergência. Universidade: ensino, pesquisa, extensão. Banco: aplicações, saques, empréstimos.

3. a. ATO.
   b. Processo repetitivo em lotes.
   c. ETO.
   d. MTS.

4. R$ 6.713.513,51.

■ Questões para reflexão

1. É importante pois estimula o crescimento da empresa.

2. Sim, por meio da aplicação do estudo de tempos e métodos, da reorganização de *layout*, da utilização de ferramentas estatísticas etc.

3. Resposta pessoal.

4. O *marketing* provê informações para previsão de demanda; o RH faz a interface com a mão de obra; o setor de finanças provê os recursos necessários para iniciar a produção (matéria-prima, equipamentos); o comercial traz a informação de vendas; o P&D apresenta os novos produtos e suas fichas técnicas; a engenharia estabelece um procedimento operacional; a manutenção garante o funcionamento dos equipamentos.

Capítulo 2

■ Questões para revisão

1. a. Tabela A (13) 641; (14) 641; (15) 640.
   b. Tabela B (1) 807; (2) 798; (3) 810; (4) 1.265; (5) 1.260; (6) 1.185; (7) 1.215; (8) 1.305; (9) 1.235; (10) 1.175; (11) 1.210; (12) 1.245.

2. Seg. (161); ter. (173); qua. (184); qui. (204); sex. (224); sáb. (241); dom. (265).
   $y = 74x + 1.158/R^2 = 0,98$.

3. Demanda = $y = 147x + 2.155/R^2 = 0,98$.
   Taxa de crescimento = $y = 0,377x + 4,875/R^2 = 0,95$.
   Previsão 2015: (1) 1.482; (2) 561; (3) 605; (4) 500.

4. R^2 entre taxa Selic e demanda = 0,53.
   Demanda = $y = 198x + 1.265$.
   Previsão 2015: (1) 915; (2) 421; (3) 393; (4) 526.

■ Questões para reflexão

1. a. É a principal informação para o cálculo do planejamento da produção.
   b. É a base para o planejamento que alimenta a programação.
   c. Limita as formações de estoque.

2. Demandas instáveis, ausência de histórico de vendas, técnicas demoradas e com elevada quantidade de informação.

3. A previsão de demanda é numérica; já a gestão trabalha com o comportamento da demanda.

4. Arroz, detergente, óleo de cozinha, feijão.

Capítulo 3

■ Questões para revisão

1. a. 8.400 unidades.
   b. 2.200 unidades.
   c. 1.954,5 unidades.
   d. 1.738 unidades.

2.
   a. 0,26.
   a. 0,88.
   b. 0,88.

3. A = 600; B = 900; C = 1.200; D = 3.000; E = 900; F = 3.600; G = 1.200; H = 2.400.

4. P1 = 140, liberar na semana 7; P2 = 100, liberar na semana 7; A = 350, liberar na semana 6; B = 500, liberar na semana 5; C = 340, liberar na semana 3; D = 1.600, liberar na semana 2; E = 1.115, liberar na semana 3; F = 1.450, liberar na semana 1.

5. A = 1.300; B = 1.700; C = 1.650; D = 1.700; E = 6.700; F = 2.500; G = 4.200; H = 2.550; I = 20.500; J = 7.200.

■ Questões para reflexão

1. Realizar o cálculo da quantidade de material.
2. É possível em qualquer sistema de informação.
3. Cálculo errado das quantidades necessárias, podendo ocorrer formação de estoques ou falta de produtos.
4. É necessário conhecer a capacidade para se poder planejar a produção de modo a obter o máximo aproveitamento de linha.

Capítulo 4

■ Questões para revisão

1.

Período	Jan.	Fev.	Mar.	Abr.	Maio	Jun.	Jul.	Ago.	Set.	Out.	Nov.	Dez.	Total
Demanda	750	650	640	590	540	450	420	530	600	790	860	956	7.776
Produção normal	630	630	630	630	630	630	630	630	659	659	659	659	7.676
Estoque inicial	150	30	10	0	40	130	310	520	620	679	548	347	
Estoque final	30	10	0	40	130	310	520	620	679	548	347	50	
Estoque médio	90	20	5	20	85	220	415	570	649,5	613,5	447,5	198,5	3.334
Custo produção normal	5.670	5.670	5.670	5.670	5.670	5.670	5.670	5.670	5.931	5.931	5.931	5.931	69.084

(continua)

(conclusão)

Período	Jan.	Fev.	Mar.	Abr.	Maio	Jun.	Jul.	Ago.	Set.	Out.	Nov.	Dez.	Total
Custo estoques	180	40	10	40	170	440	830	1.140	1.299	1.227	895	397	6.668
Custo total	5.850	5.710	5.680	5.710	5.840	6.110	6.500	6.810	7.230	7.158	6.826	6.328	75.752

2. Respostas variadas.

3.

Meses	Janeiro				Fevereiro			
Semanas	1	2	3	4	1	2	3	4
Demanda prevista	50	90	140	70	60	95	130	75
Demanda confirmada	45							
Estoque inicial	10	45	35	55	65	85	70	20
Recebimentos programados								
Estoque projetado	45	35	55	65	85	70	20	25
PMP	80	80	160	80	80	80	80	80

4.

Meses	Março				Abril			
Semanas	1	2	3	4	1	2	3	4
Demanda prevista	90	230	350	420	80	190	340	400
Demanda confirmada	95	180	280	0	0	0	0	0
Estoque inicial	30	135	155	75	55	175	185	245
Recebimentos programados	200	200	200					
Estoque projetado	135	155	75	55	175	185	245	45
PMP	200	200	200	400	200	200	400	200

■ Questões para reflexão

1.

Engenharia → Plano mestre de produção ← Manutenção

P&D → Plano mestre de produção ← RH

Marketing → Plano mestre de produção ← Comercial

2. Considerando a sequência MTS → ATO → MTO → ETO, o MTS seria o ambiente de mais fácil planejamento, e o ETO, o mais difícil, em virtude da instabilidade nas informações.

Capítulo 5

■ Questões para revisão

1.

a.

Dados dos problemas			Cálculo para regra MTP	
Duração	Data prometida para entrega	Duração	Data prometida para entrega	Duração
P5	2	6	2	0
P2	4	25	6	0
P1	5	15	11	0
P3	6	7	17	10
P4	8	20	25	5
Total			61	15

Dados dos problemas			Cálculo para regra MDE	
Duração	Data prometida para entrega	Duração	Data prometida para entrega	Duração
P5	2	6	2	0
P3	6	7	8	1
P1	5	15	13	0
P4	8	20	21	1
P2	4	25	25	0
Total			69	2

	Regras		
	Fifo	MTP	MDE
Sequência de pedidos	P1	P5	P5
	P2	P2	P3
	P3	P1	P1
	P4	P3	P4
	P5	P4	P2

Cálculo de indicadores			
Regra	Fifo	MTP	MDE
Tempo médio de processamento (dias)	15,4	12,2	13,8
Atraso total (dias)	30	15	2

    b. A regra mais adequada é a MDE.

    c. A MDE, pois tem menos dias de atraso.

2. A melhor sequência é LCFS (o último que entra é o primeiro que sai).

Regra	Lead time total (horas)	Lead time médio (horas)	T médio de atraso (horas)	T médio de espera	T médio de máq. parada
Peps	34	6,8	12,4	3,6 horas	36 minutos
MDE	30	6	4,2	36 minutos	24 minutos
MTP	30	6	3,8	0	48 minutos
ICR	31	6,2	8,8	1,2 horas	0
IFO	32	6,4	7,8	2,2 horas	36 minutos
LCFS	29	5,8	4,2	24 minutos	12 minutos

■ Questões para reflexão

1. Quantidade de *notebooks* produzidos × vendidos; quantidade de *notebooks* produzidos por hora; estoque.

2. Por meio do tempo de máquina ociosa, atrasos de entrega e filas de produção.

Capítulo 6

■ Questões para revisão

1. a. 540.
   b. 990.
   c. 66.
   d. 11.
   e. 495.
   f. 28.

2.

Item	Demanda anual	Custo unitário	Demanda × custo	Frequência	Frequência acumulada	Classific.
P5	3.050	12	36.600	35%	35%	A
P3	154	150	23.100	22%	57%	A
P8	199	100	19.900	19%	76%	A
P6	950	10	9.500	9%	85%	B
P1	400	15	6.000	6%	91%	B
P7	450	5	2.250	2%	93%	C
P2	215	9	1.935	2%	95%	C
P11	60	30	1.800	2%	97%	C
P10	700	2	1.400	1%	98%	C
P4	685	2	1.370	1%	99%	C
P9	100	8	800	1%	100%	C

3.

Item	Quantidade utilizada	Valor unitário	Quantidade × valor	Freq.	Freq. acum.	Class.
7	12.500	5	62.500	84%	84%	A
3	8.000	0,75	6.000	8%	92%	B
4	75	40	3.000	4%	96%	C
1	500	3	1.500	2%	98%	C
5	20.000	0,05	1.000	1%	99%	C
6	450	1	450	1%	100%	C
2	1.600	0,02	32	0%	100%	C

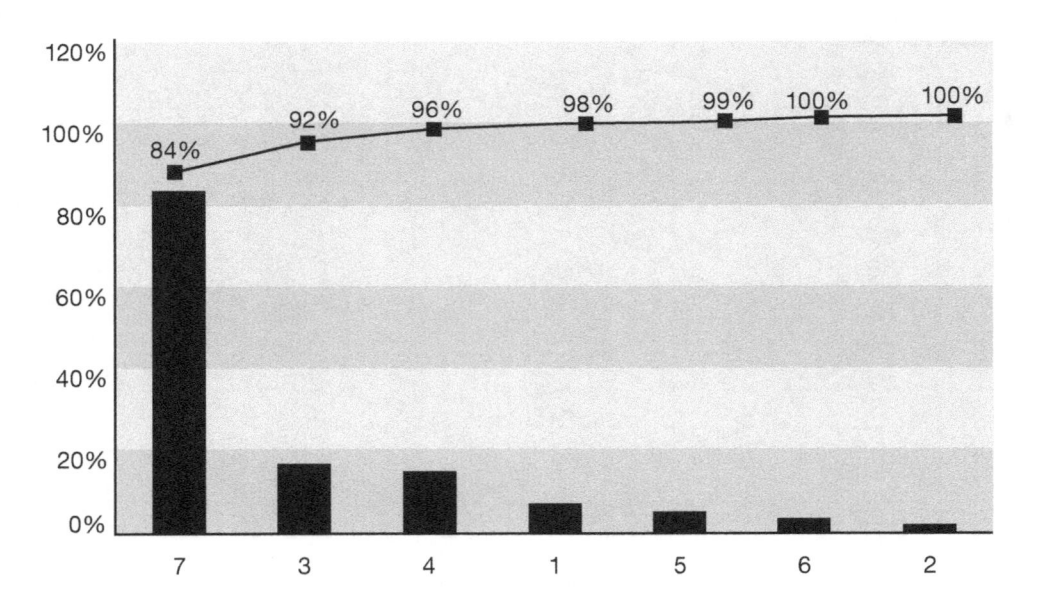

Giro = 29,8; cobertura = 12,3.

4. a. 555 unidades.
   b. R$ 277,48.
   c. 7.
   d. 52 dias.

■ Questões para reflexão

1. Os estoques podem prover estratégia competitiva e até mesmo prevenir a insatisfação do consumidor pela falta de produto, devendo ser usados para suprir capacidade insuficiente.

2. Sim. São utilizados diferentes modelos quando há produtos com comportamentos de demanda divergentes.

Capítulo 7

■ Questões para revisão

1. $3{,}28 \approx 4$ *kanbans*.

2. $8{,}8 \approx 9$ *kanbans* de produção; $8{,}4 \approx 9$ *kanbans* de movimentação.

3. $2{,}3 \approx 3$ *kanbans*.

4. a. $3{,}68 \approx 4$ *kanbans*.
   b. $2{,}1 \approx 3$ *kanbans*.
   c. $5{,}75 \approx 6$ *kanbans*.
   d. $4{,}6 \approx 5$ *kanbans*.

Operação	Minutos utilizados por semana para processar uma unidade		Minutos utilizados por semana para processar a demanda total		Carga total semanal necessária (minutos)	Minutos disponíveis por semana	Utilização do centro de operação
	Produto P1	Produto P2	Produto P1	Produto P2			
X	4	13	520	1.950	2.470	4.800	51,5%
Y		16	2.990	2.400	5.390	4.800	112,3%

	Produto P1	Produto P2
Preço	R$ 80,00	R$ 60,00
Valor da matéria-prima	R$ 7,00	R$ 20,00
Contribuição	R$ 73,00	R$ 40,00
Tempo gasto na operação gargalo	23 minutos	16 minutos
Contribuição por minuto utilizado no gargalo	3,17	2,5

Operação	Minutos utilizados por semana para processar uma unidade		Minutos utilizados por semana para processar a demanda total		Carga total semanal necessária (minutos)	Minutos disponíveis por semana	Utilização do centro de operação
	Produto P1	Produto P2	Produto P1	Produto P2			
X	4	13	520	1.456	1.976	4.800	41,2%
Y	23	16	2.990	1.792	4.782	4.800	99,6%

■ Questões para reflexão

1.

Modelo tradicional	Modelo puxado
Disponibilidade de material.	Sinal vindo da demanda (quadro *kanban*).
Disponibilidade dos recursos necessários.	Disponibilidade de equipamento.
Existência de uma grande ordem de produção, gerada por algum sistema centralizado que, a partir de previsões de demanda, elaborou programas de produção baseados nas estruturas dos produtos.	Disponibilidade de material.

2. Pelo gargalo.

3. No caso de ocorrer um acréscimo de vendas inesperado, pode haver falta de produtos.

4. Para aumentar a produtividade.

5. É difícil e lenta.

[sobre a autora]

Francielle Cristina Fenerich é engenheira de alimentos, graduada pela Universidade Estadual de Maringá (UEM), onde também obteve título de mestre em Engenharia Química, com ênfase em modelagem e otimização de processos. Também é especialista em logística empresarial pela Universidade Norte do Paraná (Unopar). Atualmente é doutoranda na Pontifícia Universidade Católica do Paraná (PUCPR), no Programa de Pós-Graduação em Engenharia de Produção e sistemas, na linha de estratégia de operações. Faz parte do corpo efetivo dos docentes do curso de Engenharia de Produção da UEM, onde leciona as disciplinas de PCP I e PCP II e coordena o curso de especialização de MBA em Gestão da Produção.

Os papéis utilizados neste livro, certificados por instituições ambientais competentes, são recicláveis, provenientes de fontes renováveis e, portanto, um meio responsável e natural de informação e conhecimento.

Impressão: Reproset
Abril/2021